Carl Bleibtreu

# Woerth
## Die Schlacht vom 6. August 1870 - Band 3

Europäischer Geschichtsverlag

**Carl Bleibtreu**

# Woerth
# Die Schlacht vom 6. August 1870 - Band 3

1. Auflage | ISBN: 978-3-73400-129-1

Erscheinungsort: Paderborn, Deutschland

Erscheinungsjahr: 2015

Europäischer Geschichtsverlag ist ein Imprint der Salzwasser Verlag GmbH, Paderborn.

Nachdruck des Originals.

# Woerth.

Von

## Carl Bleibtreu.

Illustriert von Th. Speyer.

Stuttgart

Verlag von Carl Krabbe.

Druck von Carl Hammer in Stuttgart.

„Also, Colson, Sie haben wörtlich an Failly telegraphiert, wie ich angab?"

„Hier, Monseigneur, das Certificat. Präcis heißt es dort: „Kommen Sie mit Ihrem ganzen Korps so schnell wie möglich nach Reichshofen.""

„Wieweit von Bitsch bis Niederbronn?"

„20 Kilometer, von da noch 7 bis Fröschweiler. Läßt sich in $6\frac{1}{2}$ Stunden bewältigen."

„Division Lespart soll um 5 Uhr früh antreten, dann ist sie mittags bei uns. Ja, dann ist alles gut und der Tanz kann los- gehen, übermorgen früh."

„Möchten Herr Marschall nicht doch in Erwägung ziehen, ob wir nicht auch Division Liebert von Mühlhausen telegraphisch her- beirufen sollen?"

„Noch nicht. Man muß es bedenken. Noch sind die Maß- regeln des Feindes ungeklärt. Wir wissen nur, daß er über Weißenburg mit Macht heranrückt, in Richtung auf Bitsch. Das denk' ich ihm zu versalzen! Was dort gegen Bitsch geht, kommt zwischen mir und Failly nicht durch, der von Bitsch her debouchiert.

Übrigens ein gutes Omen: hier hat Hoche anno 1793 den Öster=
reichern auf die täppischen Finger geklopft!"

Monseigneur le Maréchal, Duc de Magenta bereitet die
Wörther Hochfläche mit seinem Stabschef. Ihn umschimmert die
Abendsonne wie eine Gloriole, sein Nimbus folgt ihm überall,
sein Ruhm reitet neben ihm her. Wo die goldgestickte Marschalls=
uniform und das breite Karmoisinband des Großkreuz der Ehren=
legion sich zeigen, bewillkommnen ihn freundlich respektvolle Vivats
seines treuen Armeekorps. Das I. der kaiserlich französischen Armee
ist stolz auf den Namen Mac Mahon, das berühmte „Afrikanische",
dessen vier Infanteriedivisionen, einer Reiterdivision, sich hier noch
Infanteriedivision Dumesnil vom Lyoner Armeekorps und Reserve=
Kürassierdivision Bonnemains zugesellen. Mac Mahon, Herzog von
Magenta ist sehr beliebt. Man nennt ihn den Bayard der Armee,
den Ritter ohne Furcht und Tadel. Seine blauen kühnen Augen,
unter den fast weißen Haaren, seine etwas groben, aber bärbeißig
soldatischen Züge, sein biederer, ehrlicher Ausdruck und ritterliche
Haltung, sein grauer Schnauzbart — das alles flößt dem Soldaten
Vertrauen ein. . . .

In den Ortschaften Wörth an der Sauer, Elsaßhausen hinterm
prächtigen, weithingelagerten Niederwald, Morsbrunn im Thal=
grund, der sich südlich vom Niederwald über den Albrechtshäuserhof
von Ost nach West in den Eberbachgrund zieht, Fröschweiler hinten
auf der Kuppe des Plateaus, das von Wörth nach Westen und
Nordwesten ansteigt, Nehweiler weiter nördlich, wo dichte Gehölze
zwischen diesem Dorfe und Fröschweiler nach Osten und Nordosten
in Richtung Langensulzbach vorspringen und südöstlich zur Sauer
nach der Sägemühle sich steil hinabsenken — überall ging es toll
zu. Betrunkene stolperten umher, Marketender schlugen ihre
Batiken auf, wo auch schlechte Weiber zur Kurzweil dienten.
Gänse gackern, Schweine grunzen, Schlachtvieh brüllt und die Ein=
wohner zetern. Denn das sogenannte Requirieren wird aufs ab=
scheulichste ausgebeutet. Feldfrüchte gewaltsam eingeheimst, alle
Kartoffeln ausgebuddelt, die man finden konnte, am liebsten hätte
man schon Fasanen am Schloß Dürkheim geschossen, doch dort gab
es keine, und so fielen höchstens Kaninchen dem Jagdsport zum
Opfer. Schade, daß der Wein noch nicht gekeltert! „Pardon,

madame, mais c'est la guerre!" begütigen die Franzosen höflich
das geplünderte elfäffische Landvolk, das vor preußischen Menschen-
freffern flüchtet, aber hier vom Regen in die Traufe kommt. Doch
darf man den armen Teufeln im Waffenrock übelnehmen, daß sie
nicht Hungers sterben wollen? Mit leerem Magen in den Tod
gehen, ist kein Pläfier. . .

Aber auch drüben am östlichen Sauerufer, wo das V.
Schlesisch-Posen'sche Korps seine Vorposten aussetzte, herrschte
mehrfach ein Treiben, wie man es von preußischen Truppen nicht
erwarten sollte. Es sind viele Polen darunter, aus Posen und
Oberschlesien, und die machen gern lange Finger. Im Laufe eines
langen Krieges pflegen ja stets bedauerliche Lockerungen des moralischen Halts einzureißen, aber daß schon jetzt in Görsdorf und
Gunstedt geplündert wurde, fiel auf. Allein bei der Pionier-
kompagnie Scheibert mußten zwei Excedenten zu kriegsrechtlicher
Aburteilung ergriffen werden. Wieviel ärger möchten es die
Franzosen aber selber in Deutschland getrieben haben! Auch änderte sich das, als die Generale ordnungsgemäß ins Kantonnement
einrückten, Abends des fünften August. Jetzt trat Ruhe ein,
vollkommene Ordnung. Man weiß, daß man hier wohl noch den
folgenden Tag zubringen wird, denn das Hauptquartier hat strenge
verboten, sich zu engagieren. Erst am siebenten August soll
Schlacht geliefert werden, sobald alle Korps des Kronprinzen
herankamen.

Standarten flattern im Wind. Helme schimmern, Lanzen
funkeln. Doch dem Afrikanerkorps fehlen merkwürdigerweise jene
weltberühmten Chasseurs d'Afrique, deren Kriegerleben nur ein
einziger langer Siegesritt durch Wüsten und Atlaspäffe, lombar-
dische Reisfelder und mexikanische Savannen war. Diese kriegs-
erprobteste Truppe zeigt heut zum erstenmal in Frankreich selber
ihre kokette sensationelle Tracht, ihre weißen Nackentücher; aber
nicht hier, sondern vor Metz tummeln sich — wie ihr Spitzname
lautet — die „chasse-marais". Die Chasseurs à cheval der
Linie fehlen hier. Ihr Kommando „Haut le fusil!", wenn sie,
Säbel am Handgelenk baumelnd, Karabinersalven schleudern, wird
hier nicht ertönen.

Auch Husaren fehlen; ihr blauer, grüner oder brauner Dolman mit vielfarbigen Litzen, ihre Pelzmütze mit scharlachener „Flamme" ist nirgends sichtbar. Dafür die Ulankajacken von Lanciers mit schwarzen oder weißen Schnüren, himmelblau, mit roten, faltigen Pantalons und weißen Stulphandschuhen.

In den schrägen Strahlen der scheidenden Sonne glitzern die Küraffierhelme. Einzelne Führer, auf mächtigen Rappen thronend, beobachten aufmerksam den Horizont. Bei den Chasseurs trällert man den alten, volkstümlichen Refrain:

> „Ich rauchte eine Pfeife gern,
> Doch habe nicht Tabak."

Einen unanständigen Sieg erschießen mag der Feind vielleicht, aber mit der blanken Waffe — oh! Eine altfranzösische Bajonett= attake — oh! Und die französischen Schwertstreiche, über die geht nichts! Wie der hochselige Henri Quatre lustig rief, wenn er einen Feind stach: „Ich treffe dich, Gott mag dich heilen!" Da halten Veteranen Vorträge über Stöße „d'estoc et de taille" und machen das berühmte „Moulinet", die Walkmühlenflügel nach aller Windrichtungen vor, dies Meisterstück der Degenfechtweise.

Lachend erzählt man, wie eine verwegene deutsche Patrouille in Nähe von Reichshofen von General Bernis, dem Chef der leichten Reiterbrigade Failly's, aufgehoben wurde und der Land= wirt, wo die Deutschen beim Schmausen überfallen, nachher demütig vortrat, Zipfelmütze in der Hand: „Wem darf ich die Rechnung präsentieren?" „Ma foi!" scherzte Bernis, „sonst zahlt der Geschlagene die Zeche. Aber Frankreich ist reich genug, um seinen Ruhm zu bezahlen!" und warf ihm das Doppelte zu. — „Ah ja, Bernis mit seinen 12. Chasseurs von Mexiko! Der ist immer dabei, wo man Schläge austeilt!" „So haben wir viele. Da müßt ihr erst die 2. Husaren kennen, das alte berühmte Regi= ment Chamboran, kastanienbrauner Dolman mit weißen Schnüren." „Die Hauptsache ist der französische Stoß mit der Spitze! Das macht unsern Fechtern keiner nach!" „Bah, wir werden uns alle wie Helden halten und der Feind soll den Staub beißen!" Und man putzt, untersucht, prüft die Waffen, sich ihrer Güte zu ver= sichern.

Die Pferde der zahlreichen Reiterei piaffieren und karakolieren immer nur auf demselben Fleck. „Beeilen Sie sich!" ruft ein neu eintreffender Landmann dem General de Bonnemains zu, „beeilen Sie sich, General! Sulz steckt schon voll preußischer Ulanen und der Generalstab ist dort abgestiegen und hat ein großes Diner befohlen . . mit Champagner!"

„Ausgezeichnet!" lacht jener, „da wollen wir das Dessert bringen!" Aber es bleibt beim Bonmot. Nirgends erschallt das Kommando: „Escadrons au trot — marche!" zur Aufklärung, nirgends fliegen Patrouillen in Staubwirbeln lärmend hin und her. Kaum daß Trompeter mit vollen Backen den Reveillerefrain ihrer Truppe und dann „le boute-selle" „zum Satteln" blasen — o wären die kleinen, pfeilgeschwinden Stuten der afrikanischen Jäger hier, die mit Höllenschnelle hinfegen, daß Flaschen und Futterbeutel auf dem querumgehängten Chassepotkolben tanzen!

Die altnapoleonische Gloire lebt noch im Namen mancher Kavalleriegenerale fort. Bei der Gardereiterei giebts Desvaux — einst Artilleriechef der Kaisergarde von 1813 — und de France, einst Kommandeur der Ehrengarde zu Pferd. Ja, la France hat noch manchen guten Tag, so lange solche Namen an Spitze seiner Geschwader prunken, wie hier beim Korps Mac Mahon: Ransouty bei der leichten Brigade, Enkel des großen Reiterführers von Eggmühl und Hanau, Duhesme als Chef der Korpskavalleriedivision

— Duhesme von der jungen Garde, tot bei Waterloo! — Michel bei den Küraffieren — Michel von der alten Garde, tot bei Waterloo! (Bei Waterloo! Darüber läßt sich nachdenken, eigent= lich kein günstiges Omen!)

An einem Wachtfeuer erzählen sich einige alte Offiziere die Thaten alter Regimenter. Das Korps Mac Mahon weiß davon zu erzählen. Das 56. 48. 78. und vor allem das 36. de ligne, und die 1. und 3. Zuaven sind glorreicher Annalen eingedenk.

Ja, das 56. war bei Valmy, es hörte den Begeisterungsruf: „Vive la Nation!" Es war bei Mondovi, bei Mantua, und rief: „Vive le Petit Caporal!" Es verteidigte unter Moreau die Rheinbrücke bei Hüningen, es kämpfte in Division Victor vor Verona im Schlußjahr des vorigen Jahrhunderts und blutete bei Novi, rang bei Caldiero in Division Verdier auf der Rechten gegen die österreichischen Grenadiere, und wie dort, so folgte es Massena auch nach Wien und auf die blutgetränkten Gefilde von Aspern und Eßling. An ihrer Spitze den heldenmütigen Divisionär Boudet selber, dann den Marschall Lannes in Person, schlugen die 56er fünf Stürme ungarischer Grenadiere ab und durften den Namen Eßling auf ihr zerrissenes Banner schreiben, auf das des sterbenden Marschalls Achillesblut gespritzt. Es prangte im Armee= befehl nach Jakubowo, nach Polotzk an den Gestaden der Düna und an der Beresina, wo ihr braver Divisionär Legrand den Schnee mit seinem Blute färbte. Es jagte in Afrika die Kabylen, es sah seinen Obersten bei Magenta fallen.

Das 48. flog einst wie auf Windesflügeln von Wien nach Austerlitz im berühmten Gewaltmarsch Friant, focht in dieser be= rühmten Division bei Auerstädt und Eylau, griff bei Wagram den Turm von Neusiedel an, brach sich zuerst beim russischen Rückzug am gefrorenen Dnieper Bahn in Ney's Heldenkampf, wo von 650 nur 100 Mann übrig blieben, der Regimentschef Pelet schwer= verwundet, jener später so bekannt gewordene General.

Und das 78te, Oberst Carré de Bellemare, drang es nicht bei Solferino zuerst in den Kirchhof ein am schicksalschattigen Cypressenhügel, wo so viele Weißröcke und Rothosen in brüder= licher Eintracht erschlagen nebeneinander lagen? „Da waren nur 1. Zuaven dabei!" „Ja, sechsmal seid ihr zurückgeworfen!" er=

innert der vom 78 ten. „N'importe, wir kamen doch endlich hinauf, Schloß Solferino war unser, am Turme wehte die Trikolore!" Und bei Melegnano wehte sie durch den schrecklichen Sommerorkan, dessen Gewitterschläge den Schlachtlärm erstickten, unter dem sechs= hundert Zuaven auf die Walstatt sanken. „Ha, an der Alma! Unter Oberst Bourbaki! Am Telegraphenhügel trägt Sergeant= major Fleury die Trikolore hinauf und schwingt sie „Victoire!", als ein Shrapnel ihn wegreißt. Und aus St. Arnauds Munde tönt das Lob: „Bourbaki ist ein Bayard. Die Zuaven sind die Bewunderung beider Heere, die ersten Soldaten der Welt!" Und Er, Mac Mahon selber, der Tapferste der Tapfern, er stand bei uns im Laufgraben vorm Malakoff: „Wenn ich dies Signal= fähnchen aufrichte, heißt's zum Angriff!" — „Allons, clairon de Zouaves, sonnez la charge!" Und unterm stolzen Jubelschrei: „A nous Malakoff!" erstiegen die Zuaven die große Schanze.

Aber die 3. Zuaven haben noch besondere Gründe zum Stolz, sie führen einen König als Zuavenkorporal in ihren Listen. Das kommt von Palestro her, wo der dankbare Victor Emanuel das Regiment mit der goldnen Tapferkeitsmedaille fürs Fahnenband begabte. Die Tirailleure decken im Kornfeld die Sturmsäule, welche sich durch den Kanal — von Weiden und Pappeln umkränzt, mit un= gehauenen Akazienstämmen am jenseitigen Ufer verstärkt, hinter denen tyroler Scharfschützen zielen — auf eine bisher uneinnehm= bare Batterie stürzt. Die Italiener können's nicht, aber die Franzosen! Die Zuaven stürzen sich in den Kanal, die Kugeln pfeifen über die Köpfe weg, die Batterie wird erstürmt, über die Briddabrücke wird ohne weiteres weggestürmt, die dortige Mühle speit umsonst Blei aus Schießscharten, die Österreicher werden in den Kanal geworfen, wo Viele ertrinken. Über die Leichenmassen der Brücke geht's einer andern schwarzgelben Sturmfahne entgegen, einer andern Kolonne von Weißröcken. Oberstlieutenant Henry trägt stolz die Fahne, er sinkt, das Knie zerschmettert, Sergeant Lafont erhebt das Banner, auch er stürzt nach wenigen Schritten, aber Unteroffizier Sauvervie führt aufs neu das Feldzeichen, von Kugeln durchlöchert, voran. Diesmal ist der Elan unwiderstehlich, zwei Kilometer weit jagt man den Feind in die Flucht. „C'est très-bien, colonel, vous avez dignement soutenus votre vieille

reputation!" drückt der Kaiser, in Person dem Regiment glück-
wünschend, dem Kommandeur de Charbon vor der Front die Hand.

So erzählen die 3. Zuaven, in Gloire schwelgend. Doch was
ist das alles neben den Ruhmesannalen des 36. de ligne aus altnapoleonischer Eroica! Drei Hauptstädte sahen es einziehen in
seine Mauern: Berlin, Wien, Madrid! Bernadotte diente dort
als Lieutenant, sein alter Chef Lapisse hat seinen Namen ein-
getragen auf dem Arc de triomphe. Diese Truppe gehört wahrlich
zu denen, die Elbe, Rhein, Donau und Guadalquivir überschritten,
die Welt besiegten und ihre eherne Seele ihren Drommeten ein-
hauchten. Eine Serie Gewaltmärsche, wie das 64. im Feldzug
von Mantua von 66 bis 50 km wechselnd und dabei stets biva-
kierend im Klima der Ostalpen, hat auch das 36. vollbracht, aber
auf anderen Kriegsschauplätzen unter Hoche, Pichegru und Moreau
an den Ufern von Rhein und Schelde, unter Soult und Lecourbe
in den Schweizer Alpen. Wie das berühmte alte 13., heut bei
der Rheinarmee in Division Grenier, schon stritt und litt vor St.
Jean d'Acre, wo an seiner Spitze die Generale Lannes und Murat
verwundet, Divisionsgeneral Bon und Brigadegeneral Rambeaud
getötet und der Führer dieser Sturmkolonne, Horoy, durch Berthier
auf dem Schlachtfeld vom Major zum General befördert, ihnen
nach in den Tod sank, so hat das 36. gestritten und gelitten,
doch nicht bei unglücklichen gescheiterten Stürmen, sondern bei
Jena und Austerlitz im vollsten Strahle der Siegessonne. Ja
als Brennpunkt dieser Sonne! Denn was es bei Austerlitz that,
eine Mustertruppe der vorbildlichen Musterschlacht, ist jeglichem
Lobe zu groß, wo sein Divisionär St. Hilaire, sein Brigadier
Thiebaut und sein Oberst Lamotte sämtlich an seiner Spitze den
Ruhm des Regiments mit dem Blut ihrer Wunden begossen. Auf
der Hochfläche, an der Kirche von Pratzen hat es alle russischen
Kolonnen abgewehrt und zuvorderst in Soults Korps das Centrum
durchbrochen. Und als einmal ein Schwanken infolge mörderischen
Nahfeuers wahrnehmbar, da sprang der Adjutantmajor Abadie
zwanzig Schritt vor die Front, dem fallenden Adlerträger das
Feldzeichen entreißend: „Wer brav ist, folgt mir! Hier eure
Schlachtlinie! Nicht euch!" Zwei Kapitäne, ein Gewehr auf-
raffend, stürmen nach, um die Fahne zu schützen, und wie beim

Manöver avanciert das Regiment zu Abadie heran, fällt was fällt, und der stutzende Gegner weicht. Und „Jena“ steht auf der Fahne eingeschrieben, und in den Annalen und Verlustlisten bitter genug Eylau, Heilsberg, Busaceo, Arapilen. Bei Vitoria deckt es die Rückzugsbrücke, bei Kulm sucht es allein die Preußen zu durchbrechen.

Es war ein nobler Geist in dieser Truppe! Als Kapitän Arnaud bei Hondschoote 1793 ein paar hundert gefangene Eng=länder abliefert, statt das lächerlich grausame Dekret des Konvents zu erfüllen, wonach alle Gefangenen auf dem Fleck zu erschießen seien, und die Volksrepräsentanten ihn anschnauben, ruft er: „Ich bin stets bereit, mein Blut bis zum letzten Tropfen fürs Vater=land zu vergießen, doch ich kann nicht der Henker entwaffneter Feinde sein.“ Und als der Korporal Marathon — bezeichnender Name — für besondere Heldenthat sich eine Belohnung wählen soll, antwortet er kühl: „Einen Ehrenposten in Gefahr!“ Die Einöden Graubündens hörten ihre Hörner, Einsiedeln und Zürich hörten den großen Soult das 36. preisen, dessen Schwimmer unter dem famosen Adjutantmajor Dellard bei Nacht die Linth durch=querten und das feindliche Lager überfielen. Die Instruktion Soults zu diesem kühnen Unternehmen, „gegeben am 3. Vende=miaire VII. Jahr der einen unteilbaren Republik“ blieb ein heiliges Vermächtnis des stolzen Regiments. Der Kriegsminister aus Paris und der Stabschef Massenas sandten Anerkennungsschreiben — welche Namen! Dubois Crancé und Oudinot! Und dem großen Soult flog auch der Adler des 36. nach, von Corunna und Oporto vorwärts gen Süden und nach langen Jahren erst rückwärts bis Toulouse.

Und auch andre Truppenteile seien nicht vergessen, die fern bei Metz heut unter Bazaine lagern, erprobte Waffenbrüder. Wie das 13. einst in der berühmten Kolonne Macdonald bei Wagram kämpfte und unter Morand bei Dennewitz, das 64. unter Suchet bei Austerlitz und Jena focht, bei Oeanna und Albuera die Spanier mit dem Bajonette kitzelte, das 33. schon bei Krefeld und Minden in alter Zeit sich opferte und in der ruhmreichen Division Friant bei Austerlitz, Auerstädt, Eylau, Eggmühl, Wagram und an der Moskwa seinen Adler aufpflanzte, das 57. sich vor Mantua den

Beinamen „das schreckliche" von Bonaparte erwarb und ihm noch vor Moskau durch Erstürmung der Schanze von Schevardino Ehre machte, das 6. in der Krim unter Bosquet den Mamelon Vert erstürmte und bei Solferino um Rebecco rang, das 14. bei Eylau Mann für Mann sich opfernd seinen Adler als Andenken dem Kaiser zurücksandte, so hat vor allem das 12. auf seine Fahnen Wagram und Valutina Gora geschrieben, wo Gudin den Helden vom Gotthart, dessen Kugeln Suworow schmeckte, an seiner Spitze russische Todeskugel traf. Unter Oberst Canrobert hat es in Algier gedient, in seinen Reihen diente der Freiwillige Jourdan im amerikanischen Befreiungskrieg, doch noch stolzere Erinnerungen heften sich an die Fahne. Das „brave" Regiment, so hat's der Erste Konsul in Tagesbefehl genannt! Beim Splügenübergang Macdonalds zog's allen andern vorauf, um durch Schnee und Abgrund Bahn zu schaffen, bei Auerstädt zerstoben Blüchers Schwadronen vor seinem herzhaften Trommelwirbel, vor ihm allein kapitulierte die Festung Küstrin, es zog zuerst in Berlin ein. Aber die erhabenste kriegerische Glorie umwebt diese Fahne selber, die pulvergeschwärzt noch aufrecht weht: sie war's, die Bonaparte auf der Brücke von Arkole den Seinen vorauftrug.

Arkole! Die alte republikanische Zeit, wo die große Nation allen Völkern den Freiheitsbaum aufpflanzte und schnöden Undank für solch ausgesuchte Wohlthaten züchtigte, bis — es nirgendwo mehr Freiheit gab außerhalb der „natürlichen Grenzen" Frank= reichs, die etwa am Monde aufhörten und sich sonst schrankenlos über den Erdball erstreckten. Alles monumental, Thaten, Phrasen und Lügen. Wohin Frankreich seine Hand legte durch seinen Vollstrecker aus Korsika, da wuchs kein Freiheitsbaum und kein Gras mehr, aber ein Wunderpalast der Glorie wie aus Tausend= undeiner Nacht. Alle Ströme unterjocht vom Tajo bis zur Wolga, die Wüste selbst vom Siegerschritt durchhallt, vom kurzen barschen Trommelwirbel des pas de charge, der ganz Europa über den Haufen rannte!

Und die Alpen — unsresgleichen! Davon weiß auch manche Regimentsgeschichte ein Lied.

Der Orkan beginnt am Mont Cenis . . ein Kanonenschuß als Signal kündet es an . . die Bergführer wollen die Kolonne

zurückführen . . aber die Soldaten rufen wie mit einer Stimme:
„Wir wollen doch mal so was erleben!" Sie sind lüstern, ein
Wort mit diesem Berggeist zu reden. Die Musik spielt, die
Tamboure schlagen den Sturmmarsch und mit festem Schritt in
größter Ordnung überschreiten die Republikaner den Gipfel. Nicht
zufrieden, den Feind zu überwinden, trotzen sie auch den Hemm-
nissen der Natur. „Salut et fraternité!" rauscht der offizielle
Gruß von ihren Bannern her, auf dem Weg der Freiheit und
des Sieges.

Nirgends in den französischen Linien entfaltete sich emsige
Rührigkeit im Schanzen. Hier hätte man die dicken Mauern vom
Albrechtshäuserhof mit Schulterwehren und Auftritten ausrüsten
können, um „über Bank" zu feuern. Die Zugänge konnte man
erschwerend mit Pallisadentambours schließen. Bis die festen Ört-
lichkeiten klaffende Spuren der Beschädigung durch Artillerieangriff
trugen, hätten die gebrochenen Scharten ihrer Umfassungsmauern
Nutzen genug gestiftet, wenn Scharfschützen daraus ihre Zielschüsse
gegen feindliche Batterien richteten. An den Kirchtürmen der Ortschaften hätte man gleichfalls Schießscharten anbringen, besonders
einzelne Gehöfte, wo die Straßen nach Norden mündeten, mit ent-
sprechenden Vorkehrungen versehen sollen. Was konnte man hier
nicht vollbringen, um die natürliche Stärke der Stellung uneinnehm-
bar zu machen! Civilarbeiter unter Ingenieurleitung mußten her-
beigeschafft, mit Hacke und Schaufeln förmliche Redouten auf den
hochgelegenen Punkten angelegt werden, indem man Mauern aus-
bricht, Erde aufwirft, Geschütze tief bis zum Rohr in Batterieein-
schnitte verbirgt. Doch nirgendwo erhob sich ein Geschützstand, in
den man Zwölfpfünder der Heerreserve hätte einführen können. Kaum
daß an einigen Punkten tiefeingeschnittene Schützengräben die Ge-
büsche und Pflanzungen durchquerten und sicherten. Im Innern
der Dörfer war nirgends ein besonderer Befestigungsabschnitt hergestellt, indem man etwa die Hauptstraße durch mannshohe Barrikaden sperrte, an der Quergasse die Stockwerke der Ostseite durch
Durchbrechen der Zwischenwände zu einer einzigen Festung verknüpfte
oder in gegenüberliegenden Bauten die Fußböden der oberen Stockwerke durchschlug, so daß dem Angreifer nur das Erdgeschoß blieb.

So machten's französische Soldaten in altnapoleonischer Zeit, wenn's Dorfverteidigung galt, bauten Barrikade auf Barrikade, wußten jeden Kornspeicher, ja jeden Schlagbaum zu verwerten, wie einst bei Aspern und Eßling. In jener Mainacht hörten die Österreicher genug klopfen, hämmern und graben. Aber heut nichts, nichts! Und doch war die Lage kaum gefährlicher bei Aspern, als hier. Arbeiten, arbeiten! mußte die Losung lauten. Noch am 6. früh hätte man weiter befestigen, dazu Arbeiterkolonnen aus der Umgegend kommandieren sollen. Da würde die bekannte Ängstlichkeit der Franzosen sich glänzend in solch improvisierten und stets erweiterten Anlagen bethätigt haben. Solche Werke beendend, konnte man sich getrost schlafen legen.

Aber hier nichts, nichts! Wie ganz anders Großartiges sollte dereinst die Befestigungskunst, dies Erbstück Vauban's, auf der Ostfront einer größeren Stellung leisten, wo der altberühmten französischen Ingenieurmeisterschaft die Ausführung vorzüglicher Bauten aus dem Stegreif alle Ehre machte, wo ihr seltenes Verdienst so zur Geltung kam, daß man berechtigte Hoffnungen darauf setzte. Könnte man in einer Vision dem Marschall vor Augen führen, ihm als Fata Morgana in die Wolken malen, wie „Civilisten" ein Paris zu schirmen wissen! Lange Ketten von Laufgräben auf felshartem Boden, krenelierte Mauern, Schanzen in Höhe von 50 Fuß überm Wasserspiegel der Marne, von Pfahlumzäunung umgeben und 8 Fuß breiten Gräben, mit Verkleidungen von gefüllten Tonnen und starkem Gebälk mit Lagerstätten — verschartete Lünetten mit Wolfsgruben und Palisadierung der Kehle, Batteriestände hinter Villen versteckt, Bosquets und Blumenbeete auf Gartenwegen mit echt französischer Eleganz als Maske für Schützengräben gebraucht — so wird der Teutone mit respektvollem Staunen das Bild bewundern, das ihm eine kriegerische Bürgerschaft entrollt. Aber dies Heer kampfergrauter Berufssoldaten faullenzte, als käme alles von selber. Nicht mal Schloß Dürkheim bei Fröschweiler hatte man zu Etagenfeuer eingerichtet, die Wälle bankettiert. Den Flecken Wörth hätte man recht gut als Brückenkopf behandeln und entsprechend ausstatten können, schwere Geschütze in Gruppen auf die Übergangsstellen richtend, um jedes Überbrücken der Sauer zu hindern. Statt dessen hatte man Wörth geräumt. Nur einige Schützengräben waren ausgehoben, ein Verhau im Fröschweiler Wald begonnen, einige Erdaufwürfe auf der Hochfläche zusammengescharrt. Diese ganz oberflächlichen Arbeiten, ohne daß man Sandsäcke, Pflastersteine, erdegefüllte Fässer zu diesem Behufe heranschleppte, wie so leicht gewesen wäre, wurden übrigens von Veteranen der Zuaven lediglich aus eigenem Antrieb geschanzt, ohne jeden höheren Befehl.

Ja freilich, Mannschaften-Streiftrupps betasteten auch den lockern Boden mit Stöcken, die sich als eiserne Zwinge zuspitzten, aber nur, um nach versteckten Vorräten zu suchen, denn Hunger thut weh.

Die decimierte Division Douay war wiederhergestellt, ihr gefallener Führer durch Pellé ersetzt. Doch erwies sich ein Teil der Truppe so desorganisiert, daß Brigade Montmarie außer Schußweite verlegt wurde, als sei ratsam, sie von den andern abzusondern. Division Raoult bildete in zwei Treffen das Centrum, zu beiden Seiten der Chaussee Fröschweiler-Wörth. Ihre beiden Afrikanerregimenter, 2 Z. und 2 T., hatte sie vollzählig ins erste Treffen gestellt, um sie zu ehren. Auch 3 Z. der Division Lartigue am rechten Flügel stand vorne am Feind im Niederwald; daneben bewachte ihr 1. Chasseurbataillon den Sauerübergang bei Bruchmühle. Die Vorpostenlinie lief beiderseits längs der Sauer keine 600 m fern. — In der Nacht hörten die deutschen Posten Rollen von Bahnzügen, die ohne Unterlaß Truppen heranholten. Die vorgerückte Stunde verbot weitere Maßnahmen. Doch ward in einer Konferenz, die man berief, im Hauptquartier endgiltig festgestellt, daß man am 6. noch nicht angriffsweise verfahren müsse, um erst am 7. zu vollem überflügelndem Ausbreiten zu gelangen. Dann erst sollte auf beide Flanken des Gegners vom XI. und dem I. bayr. Korps ein mächtiger Druck geübt werden, das V. ihn vorne packen, das württemberg-badische aber und II. bayerische sich in seinem Rücken die Hand reichen.

Bei den Franzosen hatten viele am 5. nicht abkochen können und keinen Bissen Brot über den Mund gebracht. Erst abends entließ man die Mannschaften der Vorderlinie in die tags zuvor für sie belegten Ortschaften. Die Nacht setzte kühl und regnerisch ein, das Unwetter steigerte sich. Was schon an Ort und Stelle steht, bezieht Quartiere, sich zu wärmen, so gut es geht. Andere unterhalten mächtige Bivouakfeuer, sonst am Feind verbotene Genüsse. Als der Morgennebel sank, lag das Bild der Stellung erst deutlich vor Augen, obschon der Aufmarsch noch nicht mal ganz beendet, da das 36. de ligne, Brigade L'Hériller der Division

Raoult, immer noch nicht seine Aufwartung machte, nur telegraphisch aus Hagenau sich anmeldete. Deutscherseits hatte das V. Korps vor Wörth seinen Platz eingenommen.

Die Nacht verlief sonst ruhig ohne Zwischenfall.

Am Lager bei Elsaßhausen machten zwei hohe Offiziere die Runde in nächtlichem Spaziergang: die Divisionäre Raoult und Lartigue. „Das war ja ein scheußlicher Tag", macht ersterer seinem Unwillen Luft. „Überall klagen die Einwohner, murren die Truppen, fast bis zur Meuterei. Die Disciplin leidet schon — und das alles aus krassem Hunger!"

Lartigue zuckte die Achseln. „Hunger thut weh und auf Proviant= wagen ist kein Verlaß. Ich hoffe, solcher Verpflegungsmangel darf nicht wieder vorkommen. Einmal und nicht wieder!"

„Alle Armeelieferanten sind Diebe!" brauste Raoult auf, ein weißhaariger Haudegen, der von der Pike an seine Generalsepau= letten erdient hatte. Der Baron Lartigue lächelte fein: „Wellington zeigte seinen Intendanten, wie man sagt, mit der einen Hand einen Geldbeutel, mit der andern den Galgen. Si non é vero, é ben trovato! Doch alles geht vorüber, auch solch ein böser Tag! — Doch," sprang er auf ein anderes Thema über, „ich weiß nicht, was dem Mac Mahon einfällt! Wir lagern hier gemütlich, wie im Frieden, und bieten doch offenbar Schlacht an. Warum wird nicht geschanzt? An Schanzzeug fehlt es ja den Sappeurs nicht! Aber die Genie=Kompagnien legen die Hände in den Schoß."

„Zu ordentlichen Befestigungen fehlt es an der Zeit," ent= schuldigte Raoult.

„Ach was! Solche meine ich nicht. Auf Beifall kritischer Militärschulmeister brauchen Sie nicht zu rechnen, primitive und mäßige reichen aus. Traversen aus Baumstämmen und Faschinen wären solide genug und in 48 Stunden läßt sich viel herstellen."

„Aber glauben Sie denn, wir werden hier angefallen? Die Berichte der Patrouillen sind widersprechend. Fühlung haben wir ja allerdings da drüben an der Sauer, aber —"

„Die Zusammenziehung unserer Massen hat den Feind auf= merksam gemacht. Auf den Höhen von Görsdorf drüben lagert mindestens die Vorhut eines Armeekorps, und dahinter — wer weiß!

Wozu überhaupt dies halb und halb! Wir hätten vorgestern Douay bei Weißenburg unterstützen, wir hätten heut schon auf Lambach vormarschieren können oder aber — den Rückzug antreten. So aber erhielt der Feind nur ein Zeitgeschenk von 24 Stunden."

„Wir sind ja noch nicht vollzählig. Dumesnil's Divisions= artillerie steckt noch im Bahnhof von Hagenau, kommt erst morgen früh angerollt."

„Die würde den Kohl auch nicht fett machen! Ich frage nur: will der Marschall eigentlich hier schlagen oder nicht? Wenn ja, warum befestigt er nicht? Das nenn' ich keine vorbereitete Stellung."

„Aber eine ausgesuchte! Der Marschall kennt sie von früher und hat immer gewünscht, hier einmal zu schlagen!"

„Solche Studien auf Inspektionsreisen sind ja sehr löblich," trumpft Lartigue ironisch ab, „mir wären gehörige Vorarbeiten lieber, und noch lieber, wenn Failly und Division Liebert von Mühl= hausen endlich da wären!"

„Failly kommt ja morgen bestimmt!"

„Wissen Sie das so genau? Ich halte, unter uns, wenig von diesem Herrn — wollen sehen, ob ich mich täusche. Die Wahrheit scheint mir übrigens, daß der Marschall hier gar nicht schlagen will. Ich habe 'was munkeln hören von Offensive gen Lambach!"

„Ganz recht," nickt Raoult, „der Stabschef Colson sagte mir so 'was. Aber nicht morgen, sondern übermorgen!"

„Damit erklärt sich vieles. Man will also die Truppen nicht überanstrengen mit Bearbeiten einer Stellung, die wir doch bald verlassen sollen. Doch wenn uns der Feind nur dazu Zeit läßt!"

Drüben bei den Preußen sprengen ununterbrochen Befehlsträger durch die Nacht, um die Nachbarn zu warnen, daß sie in Gefahr schweben, wenn der jenseits festgestellte Feind — man schätzt ihn irrig auf 60,000 — sich morgen aufmacht, entweder das bayerische Korps Hartmann rechts bei Lambach oder links das XI. hessische Korps Bose zu überrennen. Doch wird er nicht am ehesten grade= aus hier auf das V. Korps stürzen, das er schon durch die Lage der vorspringenden Wälder am Sauerufer umklammern kann? Noch läßt nichts darauf schließen, doch man weiß ja so wenig. Deshalb geht der Avantgardekommandeur, General v. Walther, mit sich zu Rate, ob man nicht in der Frühe einen Tastversuch machen solle.

Der verhängnisvolle sechste August bricht an.

Es mochte 7 Uhr vorüber sein, als plötzlich Kanonenschüsse die stille Luft vibrieren ließen. Alles horchte auf. „Was ist das?" Man rennt zusammen, man frägt. Anfangs hält man den Knall nur für das Sprengen einer Brücke oder in die Luftfliegen einer Munitionskiste. Dann erfährt man, daß es sich um eine gewalt= same Rekognoszierung handle. Das Feuer beschränkt sich anfangs auf einzelne Schüsse. „Keine scharfe Kanonade?" „Die wird uns erst morgen in Atem halten." Aber der Kanonendonner schwillt zusehends an.

Der Chef der 20. Brigade, General Walther v. Montbary, hatte alarmieren lassen und wählte ein Bataillon und eine Batterie zum Vorgehen nach und über Wörth. Das Städtchen ward über= raschenderweise unbesetzt gefunden. „Wir müssen den Kerls eins aufbrennen!" ermächtigt der General den Batteriechef Caspary, der schon bei Königgrätz eine Rolle gespielt. Im ganzen V. Korps lebt ein getragenes, gehobenes Gefühl des eigenen Wertes, von Nachod und Skalitz her. Die hohe Selbsteinschätzung des früheren Chefs Steinmetz hat die Untergebenen angesteckt, so daß ihr Selbstbewußt= sein nichts zu wünschen übrig läßt.

II Bat. 37er und eine Batterie stand also nach Westen zu bei Wörth, II 50er weiter südlich davon abwärts bei Gunstedt. Batterie Caspary begann, das französische Lager gegenüber zu beschießen. Aber nicht lange wartete sie auf Antwort. Mit anerkennenswerter Schnelligkeit entwickelte sich eine Kette Rothosen am Sauerufer, man sah kleine geschlossene Abteilungen zwischen Niederwald und Wörther Weinbergen marschieren: ein Halbbataillon 2. Zuaven hatte sich in Schlachtformation aufgestellt, um das Auffahren einer zahlreichen Artillerie zu begünstigen. „Zwei! — schon drei! — wahrhaftig vier!" zählte der preußische Batteriechef deutlich die nacheinander losdonnernden feindlichen Batterien. „Das da drüben muß laut Karte der sogenannte „Galgenhübel" oder Galgenhügel sein!" Die französischen Feuerschlünde thaten ihre eisernen Mäuler aber auch nach Gunstedt auf, wo II 50er am Saueufer umherpürschte. Plötzlich gellte auch dort das Hott und Hü einer heranstrebenden deutschen Geschützabteilung: angezogen durch das Feuern bei Wörth, waren zwei Batterien herangetrabt und eilig reihte sich ein fremdes Bataillon den 50ern an:

„Hier III 80"; hurrah, das XI. Korps ist schon zur Stelle! Aber die Freude währte nicht lange. Kaum hatten Schützen nach 8 Uhr die schwanke Bretterbrücke bei der Bruchmühle betreten, als zwei Kompagnien mit lautem En avant mutiger Offiziere ohne weiteres herunterstürmten. Ihr schneidiges Auftreten that sofort seine Wirkung. Die vorderen deutschen Schützenschwärme machten sich aus dem Staube, die Batterien stellten ihr Feuer ein. Es waren die 1. Chasseurs, die hier zum erstenmal den Deutschen französischen Élan zu kosten gaben. Doch mußten sie selber vor der festen Ruhe der nächsten deutschen Kompagnieen ihr Vorwärts aufgeben.

Auch 1½ Bataillone 87er treffen schon zum Brückenschlag ein. Den so laut angekündigten Besuch gebührend zu empfangen, steigern jetzt sogar fünf französische Batterien ihr Feuer. Die Gesichter der Artilleurs strahlen vor kindlicher Freude. „Da werden die Preußen wohl genug kriegen. Dort, da — in der Gegend — könnt' man zählen, fielen wohl schon ein paar hundert von unsern niedlichen Eisendingern!" Da schallte plötzlich auch von Nordosten lebhaftes Schußgefecht herüber. Stimmt dort in den Schlachtlärm ein Scharmützel ein? Nein, umgekehrt schwillt er dort riesig an, wie es

scheint. Im welligen Gelände jenseits stiegen große deutsche Massen
auf und ab, Truppenverschiebungen hin und her am östlichen
Horizont.

Wen soll der Hauptstoß treffen? Von wo kommen die Deutschen?
Das da bei Spachbach ist doch wohl kein neues Korps, sondern
nur eine Brigade des bei Wörth-Görsdorf lagernden. Die französische
Schlachtlinie liegt vorläufig noch ganz verdeckt und versteckt, und
südlich der Niederwald, sowie nördlich vorgelagertes Gebüsch vor
Sägemühle ermöglichte ein heimliches Herankommen zum Flusse,
das man erst spät vom Ostufer erkennen konnte. Doch rührte sich
offensiv noch nichts. Wollte der Marschall nur Hinterlader-Defensive
ausnutzen, welche schon der Reform-Marschall Niel empfohlen und
die Armee belehrt hatte, daß kein Angreifer sie bezwingen könne?
Das Schußfeld war äußerst günstig, in drei Terrassen stieg das
Weinberggelände nach Fröschweiler glacisartig an. Obschon man
von der sonstigen Einbuddelungsmeisterschaft französischer Troupiers
hier nichts merkte, blieb doch die natürliche Stärke dieser Stellung
schreckhaft genug, dies unregelmäßige Dreieck, den steilen Rändern
des Plateaus angepaßt, das nach vorn gegen Wörth wie ein offener
Steinbruch auslief. Von dort, gleichsam der Viereckseite der Sauerlinie, hatte der Feind die reißende Sauer mit scharfen Ufern zu
passieren und Wörth selbst bildete ein Defilee, das durch Truppen-
durchmarsch unter wirksamster Beschießung sich notwendig verstopfen
mußte. Die Verhältnisse lagen also für die Deutschen taktisch so
schlecht wie möglich. Nur bei Spachbach war sonst ein leidlicher
Übergang zu bewerkstelligen. Bei Sägemühle schon schwer, alles
mußte sich also vorerst durch Wörth entwickeln. Die Stege, welche
die 37er nordöstlich Wörth über den Fluß warfen, brachen mehrfach ein und die Soldaten nahmen so ein kaltes Bad, indes die
Granathitze sie von oben umsprühte. Mit unsäglicher Anstrengung
gelang es jedoch, hindurchzuwaten und Schützenketten am Westufer
aufzupflanzen.

Bei Wörth herrschte lebhafte Spannung und Bewegung, denn
kaum daß links durch das unvorsichtige Feuern der Batterie Caspary die Vorhut XI. Korps angelockt, erhob sich rechts ein ernstes
Knattern und Rollen von Gewehrsalven bedeutender Truppenteile.
General v. Hartmann hat den Kanonendonner bei Wörth als Signal

zum Kampfe aufgefaßt und wirft seine Vordertruppen der 4. Division
in den Hochwald nordöstlich von Nehweiler.

Es mochte 8½ sein, als das 9. bayerische Regiment und 6.
Jägerbataillon mit einer Batterie von Nordosten gegen Nehwiller
vorgingen. Sofort ließ Ducrot seine drei Divisionsbatterien auf-
fahren und das 45. de ligne ein heftiges Tirailleurfeuer eröffnen.
Der Kampf wurde bald recht ungünstig für die kühn andringenden
Bayern, die hier fast vierhundert Mann verloren. Etwa eine
Stunde später drang die achte bayerische Infanteriebrigade mit zwei
Batterieen nach und zwar weiter südwestlich. Da jedoch auch
Schwärme der 2. Turkos an der Sauer und das nördlicher — am
Nordsaum des Fröschweiler Waldes und im freien Feld bei Neh-
weiler — stehende 36. Regiment mit Fernfeuer eingriffen, so wur-
den die gesamten bayerischen Streitkräfte nach nochmals einstündigem
Ringen zum Wanken gebracht und brachen dann nach 10½ Uhr
plötzlich auf höhere Ordre das Gefecht ab. Doch hatte ihr leiden-
schaftlicher Andrang solchen Eindruck gemacht, daß Ducrot einen
Adjutanten zu Pellé entsendete: „Schicken Sie mir ein Regiment
für unsere umgangene Linke." Nur Batterie Herold blieb noch
einige Zeit im Feuer und einige Jägerabteilungen, auf die Sägemühle an der Sauer nordöstlich von Wörth zurückgleitend. Hierbei
trat auch das 1. Zuavenregiment energisch auf.

Die Zuavenkompagnien Seupel und Goepp rissen allmählich
die ganze Linie zu leidenschaftlichem Vorgehen fort, um mit blanker
Waffe in die Bayern einzubrechen. Diese wichen jetzt allmählich
aus dem hochstämmigen Walde. Schon rückwärts bei Langensulzbach blinkten die hellblauen Uniformen und Raupenhelme, die vorher bei Nehwiller so trotzig auftauchten. „Victoire, victoire!"
Jauchzend und trällernd ergoß sich das französische Fußvolk über
das Feld. Die Schlacht fängt gut an! Schon ein halber Erfolg
zu verzeichnen. Daß der schneidige Ducrot hier kommandiert, man
merkts am frischen Elan der Truppen, noch ungeschlagen und ungebrochen. —

Gleichzeitig aber tönten Schüsse, sich immer vermehrend, auf
der Westseite des Sauerbachs. Vor 9 Uhr war die 41. Brigade
dort aufmarschiert, indes vier Batterieen der 21. Division XI. Korps
den grausen Tanz eröffneten. Doch noch spielten sie nicht zum
Siege auf. Fünf Batterien antworteten von drüben zwischen Galgenhübel und Albrechtshäuserhof. Kaum daß die Brigade bei Spachbach überging, ward sie von den 1. Chasseurs und Teilen 3. Zuaven
überraschend angegriffen. Mächtig rollte ihr Feuer den Niederwald
entlang, an dessen Ostsaum sich einige Kompagnien und Mannschaften von II 50 eingenistet hatten. Das 87. Regiment ward
völlig überrannt und in die Sauer zurückgeworfen.

Aber schon ¼10 Uhr erscholl Gerassel lauter und lauter auf
den Höhen zwischen Gunstedt und Wörth: erst die vier Divisionsbatterien 10. Division, dann die sechs der Korpsartillerie, endlich
auch noch die der 9. Division, bis zuletzt die ganze Geschützmasse
V. Korps im Feuer stand. Und jetzt riß plötzlich die 20. Brigade
Walther nach vorne aus, nachdem Schwärme der 37er schon vorher
an der Sauer mit Turkos sich herumschossen. — .

Auf einer vorteilhaften Erhöhung, links von Elsaßhausen, von
wo man fast das ganze Schlachtfeld mit einem Blick umfaßte, zu
Füßen eines Nußbaums hielt der Marschall mit seinem Stab.
Diese wichtige Gruppe, deren brillante Uniformen im Sonnenglanz
schillerten, wurde bald das Ziel deutscher Schützen, die in der Ebene
am Ufer jenseits auf passende Entfernung heranschlichen, als der
Marschall seine Eskorte Halt machen ließ und selbst beobachtend zum
Kamm der Hochfläche und bis zur Sauer abwärts vorging.

Das Gefecht ist in vollem Gang. Südwestlich wirft der um=
sichtige, rührige Lartigue Tirailleure an die Sauerufer vor, die an
die Waldränder rücken. Das uralte gallische Laster, Nachlässigkeit
im Vorpostendienst, seit der Sporenschlacht von Guinegate und den
Überfällen von Kloster Kamp im siebenjährigen und Laon im napo=
leonischen Kriege — auch hier war sie wieder, obschon nicht scharf
hervortretend. Doch die rühmliche Schnelligkeit und Geistesgegen=
wart nicht minder. Die Führer befehlen das Feuer. Man ist sich
so nahe, daß die Kugeln nicht wie gewöhnlich pfeifen, sondern einen
metallischen Ton abgeben, als ob man eine Guitarrensaite berührte.
„Allons, mes enfants, il nous faut débusquer ces gaillards —
là!" deuten höhere Offiziere mit ihrer langen Kommando=Latte auf
feindliche Schützengruppen oder tadeln „Maladroits!", wenn einige
zu wenig Deckung beachten. Am Niederwald rächte es sich, daß
man den Waldsaum nicht gefechtsmäßig besetzt hatte. Deshalb be=
rührte ihn der feindliche Angriff so bald. —

Mit fieberhafter Thatkraft sputeten sich die Pioniere, Hinder=
nisse und Wegsperren in Wörth wegzuräumen und zugleich andere
Übergangsmittel herzustellen. Pfahljoch=, Bock= und Schiffsbrücken
konnte man ebensowenig herzaubern, wie Fähren zum Übersetzen
oder massive Eisenbahnbrücken, aber man ging daran, Pontobrücken
zu schlagen. Die Schlesier und Hessen müssen sich wechselseitig
Kräfte zu beiden Sauerufern zuschieben, wenn Übereinstimmung des
Angriffs erzielt werden soll.

Die bisherigen Tirailleurscharmützel waren beiderseits nur
Plänkeleien, die nicht eben glänzend zu Ende geführt wurden. Noch
stand das französische Heer reglos hinter der Hochfläche, unbeweg=
lich die deutschen Massen am Sauerufer und längs der Görsdorfer
Höhen. Nur 1 3. Zuaven hatten sich bemüßigt gesehen, den Nord=
ostsaum des Niederwalds zu besetzen, auch zur Deckung der Geschütz=
linie am Galgenhügel. Aber schon sah ja Ducrot im Nordosten
andere Heerteile gegen sich vorgehen, wo das bayerische Korps Hart=
mann sich in Bereitschaft setzte. Und fühlt sich nicht auch Lartigue
bedroht durch Ansammlung von Streitkräften südlich von Spachbach
und an der Bruchmühle? Wird noch heute die Sauer mit Blut
sich röten, der Staub der Hagenauer Chaussee mit rotem Naß sich
feuchten? Auch ganz im Norden bei Bitsch plänkelt der Feind,

wie Mac Mahon vernimmt: Failly weiß noch nicht, ob er sein ganzes Armeekorps ostwärts senden kann, jedenfalls aber ist seine Division Guyot de Lespart fest hierher versprochen, auch hat er ja peremtoristischen Befehl dazu in Händen. ——

Der ersten Batterieen der 10. Division arbeiten bereits un= verdrossen. Schon hat ja der Feind Artillerie genug auf die Hoch= fläche geworfen, nahe genug am Galgenhübel, aber das unabläſſige wohlgezielte Einschießen der Kruppſchen Gußstahlgeschütze nötigt, auf günstiger gelegenen Geländewellen vor Elsaßhausen und am Nord= osteck des Plateaus in ziemlicher Ferne von der vorderen Verteidigungs= front festen Fuß zu faſſen. Das System La Hitte und die tem= pierten Zeitzünder des Geschoßmaterials bestanden keineswegs erbau= lich die Probe aufs Exempel, man merkte es sofort: die berühmte napoleonische Artillerie empfand es mit Bestürzung angesichts der superioren Einleitung der deutschen Kanonade.

„Ich glaube, Ihre Wirkung abwarten zu sollen," warf der kommandierende General v. Kirchbach hin, der soeben erschienen war, um mit seinem Stabschef und dem Artilleriekommandeur zu kon= ferieren. In der That war es eine Luſt zu ſehen, wie zielgerecht die deutschen Eisenboten in den feindlichen Linien platzten. Die französischen Granaten krepierten dagegen oft zu früh und zu hoch in der Luft oder umgekehrt zu spät, indem sie sich in den Boden eingruben und nur in wenige Stücke zersprangen, statt viele Eisen= splitter zu verstreuen. Doch galt dies nur fürs reine Artillerie= gefecht auf weite Entfernung, bei näheren Distanzen war kein Mangel an Treffern. Ebenso imponierten die Mitrailleuſenladungen zwar nur wenig nach den schrecklichen Ammenmärchen, die man darüber verbreitet hatte. Aber auch die Mär, diese gräulich knarrenden Höllenmaschinen seien nur harmlose Phantasmen, brauchte man nicht zu glauben. „Das klingt wie verrostete Kaffemühlen," lachte ein Zugführer, der bei Wörth auf dem Anstand lag und eine solche Garbe erhielt. Aber wo diese Drehorgeln spielten, da schmeckte man recht bittere blaue Bohnen. Auch das Chaſſepotblei pfiff mit überraschender Geschwindigkeit und Flugweite.

Es war 10¼ Uhr, als das Geschützduell V. Korps und 24 Geschütze XI. gegen 60 französische mit Verstummen der letzteren endete. Man hatte sie zeitweilig zum Schweigen gebracht, aber noch

keineswegs niedergekämpft. Das Ergebnis schien aber so ungemein erfreulich, der Kampf südwestlich und nordöstlich bei Spachbach und Nehwiller nahm derartig zu, daß, die Beihilfe der Nachbarkorps gesichert wähnend, Kirchbach sich dem Frontalangriff nicht länger entziehen durfte. Während 11 50 immer am Niederwald focht, 1³/₄ Bataillone 37er und 50er im Rückhalt blieben, stürmten 4¹/₄ Bataillone der 20. Brigade ohne weiteres über die Sauer vor, westlich von Wörth. Aber wie eine Besatzung, scheinbar auf dem Glacis exerzierend, jählings zum Ausfall übergeht, so schien sich hier das Plateau zu beleben, in rollende Bewegung zu setzen.

Ein überwältigendes Feuer schlug entgegen. Endlos rollten die Salven, eine mächtige Pulverwolke krönte die erste Terrasse der Höhenlinie, mit leidenschaftlichem Eifer sah man die Zuaven und Turkos hin und her springen, endlich mit wildem Schlachtgebrüll zum Gegenstoß übergehen. Trotz der heldenmütigsten Hingebung vermochte man nicht zu widerstehen, die 37er wurden bis Wörth, die 50er bis an die Hagenauer Chaussee zurückgedrängt. Nur mutige Rückzugsdeckung schützte vor Umzingelung, Absperrung von Wörth.

Es war 11¹/₂ Uhr und gleichzeitig war zuerst das Gefecht rechts bei den Bayern und eine halbe Stunde später (12 Uhr) auch links

bei Spachbach verstummt. Ganz allein stand die schwache Brigade
dem übermächtigen Feind gegenüber, den nur der furchtbare Granat=
hagel der deutschen Geschützfront noch im Zaum hielt. Dessen un=
erträgliche Wirkung war so erstaunlich, daß gegen 11 Uhr ein starker
französischer Truppenkörper, der aus dem Fröschweiler Waldstück
hervorkam, im Aufmarsch gestört, alsbald südlich davon in den
Rebenpflanzungen wankt und zurücklief: 78. de ligne, Division Pellé
weggenommen. Das II. Bataillon schloß sich dem 48. mit be=
ruhigter Fassung an. Gleichzeitig ward Ducrot's noch feiernde
Brigade Wolf hinterm Centrum weggeschoben, zur Unterstützung
Lartigues bestimmt. Überall der taktische Verband gelockert!

Der erste große Gegenstoß Raoults erwies sich also unwider=
stehlich: der Galgenhübel ward im ersten Anlauf zurückerobert. Die
20. Brigade litt bald ungeheuer. Da half kein Besinnen: sollte
die Brigade nicht völliger Vernichtung anheimfallen, mußten die
Kameraden der 19. Brigade sofort hinüber. So zog der verfrühte
Geschützkampf, das weitere Drauflos=Improvisieren verzettelten ver=
einzelten Anpackens ohne Zusammenhang logisch Schritt für Schritt
weitere Übel lähmend unangenehmer Mißlichkeiten nach sich. General
v. Kirchbach befand sich in höchster Aufregung.

Da der Übergang über Pontonstege nicht gut von Statten ging
und eingestellt wurde, gab es neue Marschkreuzung und Zögerung,
ehe die Spitze der 19. Brigade Wörth durcheilte, links und rechts
zu den 50ern und 37ern abgezweigt, in deren Stellung sie ablösend
hineinging. Überall Verwüstung und Blut. Artillerie mit hin=
überzuführen, ging nicht an. Sie konnte nur von diesseits ihre
Mithilfe möglich machen. Es mußte auch so gewagt werden. Die
Granaten helfen über den Köpfen der Stürmer nach; wo ihre
Sprengstücke treffen, wälzen sich Turkos heulend mit haarsträubenden
Verstümmelungen. Die 17. Brigade hatte bereits I und F 59 nach
Görsdorf abgegeben, um Verbindung mit den Bayern aufzunehmen,
wo sie sich dem Schall nach vermuten lassen.

Neu gestaltet sich der selbständige Kampf der Schlesier, West=
preußen, Westfalen am westlichen Ufer. Nicht entschlossener standen
Preußen bei Collin und Torgau, bei Dennewitz und Probstheida,
bei Ligny und Plancenoit, bei Nachod und Maslowed. Man hat
derlei noch bei wenigen Mannschaften gesehen. Die Offiziere selber

fühlen: von so viel Bereitwilligkeit kann man sich keine Vorstellung
machen. Keiner drückt sich. In leichten Gefechten mag man sich
verkrümmeln: man sieht halt nicht ein, warum man nicht ebenso
gut ungetroffen davonkommen sollte. Doch je größer die Schlacht,
desto kälter wächst die stoische Resignation.

Auch die 19. Brigade kam nicht einheitlich, sondern nur
tropfenweise ins Gefecht. Vorauf nur drei Bataillone. Zuerst
II 46 stürmte nördlich der Chaussee, dann drangen I und F. vom
6. Westpreußischen Grenadierregiment über Wörth an. Unent=
schieden wogte das Getümmel hin und her. Bald genug klärt sichs
auf, daß man schwerlich Herr werden kann. Die Sauer im Rücken,
will man ferneren Anlauf wagen, nachdem seine erste Wucht nur
schwächere Vortruppen bergan gedrängt? Fast unmittelbar nach
Eintreffen der Verstärkungen ward neuer Sturm auf den Galgen=
hügel unternommen. II 46 und die 50er schoben sich über die
Hagenauer Straße, klommen an, schon erreichten sie den Kamm des
unteren Plateaus. Doch Chassepotkugeln flogen hageldicht, umsonst
suchte man aus der Niederung dies überhöhende strenge Feuer zu
dämpfen. Rechts davon suchen die 6er im Verein mit den 37ern
den Südabhang zu erklettern, aber III 48 setzte sich rasch neben die
Turkos, besetzte eine vorteilhafte Geländegruppe und zielte ein über=
legenes Flankenfeuer. Dabei vermag man deutscherseits die über=
höhende Stellung nicht einzusehen, weiß nicht, was dahinter steckt,
und trotz so überreicher Blutopfer muß es vorerst bei Tastversuchen
bleiben, bis die andern Korps eintreffen.

Raoult ist bestürzt über so entschlossenes Vorgehen und ge=
winnt aus der Ferne so übeln Eindruck, daß er zum Feldherrn
heranreitet: „Monseigneur le Maréchal, wir stießen unvermutet
auf überlegene Kräfte." (O wenn man ahnte, wie es damit
steht! Auf der langen Sauerlinie, die so viele Kilometer um=
faßt, sind bis 12 Uhr nur drei preußische Divisionen verfügbar.
Bildet euch nur keine Schwachheiten ein: Kirchbach hat über=
haupt keine Reserven und die Vordermauer der deutschen Stellung,
die vorgeschobene Linie jenseits Wörth, verteidigen anfangs nur 7
Bataillone!) „Ich möchte daher raten, die Schlacht abzubrechen.
Ich fürchte, man fällt uns auf die Flanken." „Meinen Sie? Ich
meine nicht so! Den Elsaß ohne Schwertstreich räumen, den

moralischen Faktor herabdrücken? Und was fürchten Sie denn?
Bis Mittag hätte Division Lespart schon ankommen können — es
dauert sicher nicht lange mehr — und dann sind wir stark genug
in so überstarker Stellung, um es mit aller Übermacht aufzunehmen."
Raoult will noch Einwendungen machen. „Es bleibt dabei!
Sorgen Sie lieber dafür, Ihre Leute zum Elan fortzureißen. Soll
der Feind sich ungestraft dicht vor unsern Linien festsetzen?" Raoult
sprengt davon, er wird seine Pflicht thun, obschon ihm Unheil schwant.

Er ermuntert die Zuaven, ordnet an, daß III 36 sich neben
ihnen einfügt. Die andern Bataillone von 48 und 36 bleiben immer
noch als zweite Staffel, doch schieben I II 48 sich langsam nach,
indes I II 36 immer noch in Reserveverhältnis bleibt. „Au pas
gymnastique!" Kräftig wird angelaufen, als hoffe man im ersten
vollkühnen Elan den festen Gegner zu überrennen. Doch wenngleich
die vordersten Tirailleure, die weiter oben den Hang erstiegen hatten,
verscheucht wurden, so gab der Deutschen Hauptlinie noch lange nicht
Fersengeld. Mit überlegener Ruhe zielen sie, jedes französische
Vordringen heischt bittere Opfer durchs Zündnadelgewehr und doch
müssen die Franzosen vorwärts, weil sie aus ihren Deckungen allerorts durch Granaten aufgeschreckt werden. Jeder Stellungswechsel
zieht Geschosse auf sich, und verharrt man zu lange an exponierter
Stelle, steht das Dasein auf dem Spiel. Die Überlegenheit der
deutschen Artillerie feiert fortwährend Triumphe, die französische
wird im Handumdrehen besiegt, wo sie ein Einzelduell aufnimmt,
alle Wirkung auf das Fußvolk vereint, das mehrfach in erschütterte
Auflösung verfällt. Wörth und das umliegende Gelände wird zur
Verteidigung eingerichtet; was französische Sappeurs nicht geschaffen,
räumen deutsche Pioniere zurecht. Aber es ward eine unmögliche
Aufgabe, den eroberten schmalen Halbkreis um Wörth durch Offensiv-
stöße zu erweitern. Zwei, drei Stunden waren schon verstrichen,
seit hier die ersten Schüsse gegen die Höhen fielen, eine Stunde,
seit Kompagnien 50er auf der äußersten linken Flanke im Feuern
gegen den Galgenhübel blieben, auch nach Weichen der übrigen
Brigade. Und doch gelang es immer noch nicht, den bedeutungs-
vollen Hügel in Besitz zu bekommen. Auch das Einreihen von
II 6 nordöstlicher vermag nichts wider den Feind und keinen Umschwung herbeizuführen.

Das tapfere 6. Grenadierregiment blutet bald unbeschreiblich;
die 19. Brigade läßt noch mehr Offiziere und Mannschaften auf
dem Platz als die 20., die ihr mit so glänzendem Beispiel voranging.
Als aber F 46 sich westlich anreihte, ward dennoch mit grenzenloser
Tapferkeit ein stürmisches Vorwärts durchgesetzt, II III 2. Zuaven
zurückgedrückt, der vielumstrittene Galgenhügel erstiegen, besetzt, be-
hauptet!

„1 Uhr vorüber," atmet Kirchbach drüben auf, Uhr in der
Hand. Denn dieser endliche Erfolg der 10. Division war nur
dadurch ermöglicht, daß mittlerweile der heftigste Kampf südlich vom
Galgenhügel im Niederwald tobte und das dort entschiedene

Schwanken und Wanken des rechten französischen Flügels nach=
teiligen moralischen Einfluß auf die Brigade Lefebvre am Galgen=
hügel übte. Zum Überfluß aber brauste es jetzt auf den Höhenzug
östlich von Görsdorf wie die Windsbraut heran, im schnellsten
Ritt anpreschend und einfahrend: Bayerische Batterieen, mit Jubel
begrüßt — als Vorboten eines neuen Korps: nicht mehr bloß
Hartmann, sondern auch v. d. Tann rückt auf den Kanonendonner
gewaltig vor. Auch Hartmann erhält jetzt Weisung vom Ober=
kommando, wieder vorzugehen, und einige intakte Kräfte der
4. Division setzen sich nach Sägemühle in Marsch, indes die
3. Division östlich von Bitsch her gegen die feindliche Rückzugs=
straße drücken soll.

Die Hauptsache für Kirchbach bleibt aber, daß Bose sich so
bedeutungsvoll einmischt. Nur langsam hatte nach 11½ Uhr die
Spitze der 42. Brigade ihr Feuer eröffnet, als Bose auf Kirchbachs
Hilferuf die Entwickelung der ganzen 21. Division veranlaßte.
Dann aber gingen fünf frische Bataillone — eins 80er fehlte, zur
Bedeckung des Kronprinzen gestellt — durch die Sauer, mit der
abgeschlagenen und neugesammelten 41. Brigade vermischt, bei
welcher auch gleich anfangs das Jägerbataillon des Armeekorps
erschienen war. Die ganze Korpsartillerie setzte sich ins Feuer
gegen Albrechtshäuserhof. Beim Vorgehen über Spachbach und
Gunstedt mußte man mehrfach die Sauer durchwaten, wobei ein
herkulischer Kompagniechef das Richtmaß gab. Ein hitziges Schar=
mützel mit braunen Kerlen entspann sich am Abhang weiter westlich
— nicht Scharlachhosen und Scharlachgürtel von Zuaven sah man
hier, weiße Pumphosen und hellblaue Jacken tauchten auf, ab=
scheuliche Negerfratzen unterm Fez mit der blauen Troddelquaste —:
die Avantgarde der 3. Turkos ist's, die hier sich entgegenstellt.

Ein grimmiges Raufen hebt an — als aber ein schlauer hessischer
Kompagniechef seinen Hornisten französische Rückzugssignale blasen
läßt, die er mit ihm früher einübte, da hilft die Kriegslist: die
braunen Kerle machen sich aus dem Staube. Eine Batterie muß
aufprotzen und ihren Geschützstand verlassen; im Laufschritt steigen
die Hessen die westlichen Geländewellen zum Albrechtshäuserhof
hinan, indes die andern zum Niederwald andringen.

Der Kanonendonner erreichte jetzt eine furchtbare Höhe. Er

begleitete, schon seit 10 Uhr dauernd, den Anmarsch, den Über=
gang, den Aufmarsch der deutschen Massen. Sorgenvoll beobachtet
Mac Mahon. Gegen alle Punkte seiner Schlachtordnung brechen
Einzelkolonnen vor, gegen die schwache Rechte aber, wo nur
Lartigue Posto faßte, wälzen sich weit überlegene Kräfte heran. Wie
soll, wie kann, wie wird das enden?

Doch der zweite Angriff Voses, der selbst überall antreibend
leitete und mit Recht, die Stellung bereitend, rückhaltsloses Lob
spendete, nahm noch lange nicht günstigen Verlauf. Heldenmäßig
setzten sich die 3. Zuaven und 1. Chasseurs zur Wehre; und als
auch die 43. thüringische Brigade zwei Bataillone 95er in die
Feuerlinie schob, als zwei Bataillone 32er sich flankierend gegen
Morsbrunn wandten, stieß man auf Brigade Fraboulet de Kerléadec,
auf entschlossensten Widerstand. Eine Mitrailleusenbatterie bei
Morsbrunn vermochte freilich nicht die vier Batterieen der 22. Division
zu beeinträchtigen, die über die Sauer ins Morsbrunner Defilee
feuerten und allmählich vorrückend über das Flüßchen gingen. Doch
das 56. de ligne und Teile der 3. Turkos brachten auch hier dem
Angreifer ansehnliche Verluste bei.

So gliederte sich also der deutsche Angriff von selber, un=
gewollt, in mehrere Kolonnen. Die südwestlichste umfaßt Morsbronn,
die zweite dringt gegen Albrechtshäuserhof, mehr nach rückwärts

gestaffelt, sich unwillkürlich dem Frontalfeuer entziehend, die dritte greift gegen den Hof von Nordosten her ein, nachdem sie den Südostsaum des Waldes eroberte, die vierte stürmt am Ostsaum. Daneben wirft sich die 20. Brigade auf den Galgenhügel, die 19. kämpft hauptsächlich zwischen der Hagenauer und Wörther Chaussee, an der Straßengabelung. Von v. d. Tann sieht man noch nichts, doch hört man allmählich 24 seiner Geschütze bei Görsdorf intonieren. Jetzt entschließt sich Kirchbach nach 1 Uhr, auch die 9. Division aufs jenseitige Plateau zu werfen.

Die andern Brigaden bezogen noch eine sogenannte Reservestellung am östlichen Sauerufer, wo die Hauptmasse des aufmarschierten Armeekorps anhielt, nicht zu ihrem Heile, da dort unbehilfliche Kompagniekolonnen fast geradeso durch Fernfeuer litten, als wenn sie resolut mit eins vorgeworfen worden wären. Die Ausdehnung der Feuerzone des Chassepots übertraf jede Erwartung. Kaum rückten die Reserven kampfgemut unterm Sange der „Wacht am Rhein" in die Feuerlinie, als man auch schon allerorts Einzelne den bekannten Tauchersprung zu Boden machen sah. Auch die französische Artillerie, allem legendären Gerede von ihrer Untüchtigkeit zum Trotz, das sich nun bald auch bei den Franzosen selber festfilzen sollte, schoß sich sofort vorzüglich ein. Kaum überschritten die 37er die Sauer, als schon einer Sektion zehn Mann von einer zielgerecht einschlagenden Granate getötet wurden. Auch den unbesetzten Rand des Niederwalds und seine Umgebung hielten Lartigue's Divisionsgeschütze wirkungsvoll unter Feuer, während freilich weiterhin westlich versäumt worden war, das Defilee von Morsbronn rechtzeitig mit Batterieen zu umzäunen.

Das sollte verhängnisvoll werden. Denn General v. Bose beschloß sofort, die ganze 22. Division dorthin zur Umgehung zu verwerten. Freilich glückte dies nicht ganz. Denn das furchtbare Ringen am Niederwald nötigte, der 41. und 42. Brigade, die schon erheblichen Teil ihrer Streitkraft verbraucht hatten und nur wenige Bataillone intakt hielten, auch die 44. zur Unterstützung zu senden. Auch diese litt bald außerordentlich durch das mörderische Schußgefecht der kampfgeübten Afrikaner, doch blieb immerhin die 43. Brigade (Thüringer) übrig, um den Keil nach Morsbronn und Eberbach in Flanke und Rücken Lartigue's zu leiten.

Auch die Württembergische Division war hierher angekündigt, zwar
noch fern, aber immerhin so nah, um vielleicht noch mit einer
Brigade knapp vor Thoresschluß aushelfen zu können. Von jeder
Windrichtung eilten die deutschen Harste dem Kanonendonner zu,
bedrängten Waffenbrüdern Hilfe zu bringen, indes französischerseits
— wo blieb Failly, dessen Eintreffen die ganze Lage noch ändern
konnte?

Beim II. bayr. Korps Hartmann hatte das Zurückziehen aus
dem Gefecht große Mühe verursacht. Nur einige Teile blieben
noch am Sauerabhang am westlichen Fuß der Gehölze, wenig
lästig für die Tirailleurlinie Ducrots, die sich von hier mit dem
V. Korps herumschoß. Sonst stand das Gros der 4. Division
jetzt fortan nutzlos bei Langensulzbach. Doch die bisher zurück=
gehaltene 3. Division bei Bitsch sollte jetzt doch mindestens frei=
geworden sein und wirklich ging sie auch jetzt zum Schlachtfeld
ab, in Richtung auf Nehweiler, doch leider so spät, daß ihr wirk=
sames Eingreifen kaum mehr zu erwarten war. Während aber
am Nordflügel diese Rückschwenkung vollzogen ward und um die

erste Mittagsstunde dort jedes Feuer erlahmte, wuchs es immer
ärger im Centrum, wuchs auch die Einbuße des wütenden Infanterie=
gefechts, das entschieden wieder vorwärts ging. Doch um so bessere
Deckung fand anscheinend der Gegner beim Zurückgehen und die
bisher erzielten Ergebnisse des Frontalfeuers der deutschen Riesen=
batterie hinter Wörth standen nicht mehr im Verhältnis zur jetzigen
Wirkung. Erst dann durfte man hoffen, den Feind niederzuringen,
wenn das XI. Korps seine Batterieen, die jetzt fast Schulter an
Schulter mit denen des V. am Sauerufer bei Gunstedt 66 Stück
aufpflanzten, den Fluß überschreiten und aus der Flanke von Nord=
und Südwesten her Elsaßhausen beschießen lassen könnte. Dazu ge=
hörte natürlich, daß der Niederwald völlig gesäubert in deutschen
Händen war, und so weit war es noch nicht. So mußte die deutsche
Artillerie zufrieden sein, ihre Überlegenheit über die französische
gleiche Waffengattung zu behaupten und Freund wie Feind fühlbar
zu machen. Dies geschah. Ein Gefühl des Vertrauens zog in
jede Brust bei den mühsam ringenden Teilen der 10. Division,
als sich das Übergewicht so glänzend auf Seite der deutschen Über=
zahl neigte. Was Wunders auch! Die tapfere Artillerie Mac
Mahons vereinte ihr Feuer lediglich auf die deutschen Stürmer,
auf die Gefahr hin, währenddessen von der gegnerischen Artillerie
zermalmt zu werden. Das Duell mit letzterer gab sie schon nach
einstündigem Kampfe völlig auf, weil sie deren besseres Geschoß=
material erkannte und mit den neun Batterieen der Divisionen
Raoult, Dumesnil und Ducrot unmöglich gegen die vierzehn des
V. Korps aufkommen konnte. Keine Artillerietruppe der Welt
hätte mehr an Bravour vermocht, als diese unglückliche französische,
selten aber ward gleich große Geschützwirkung zu stande gebracht,
als hier die deutsche. Wie mußte es erst werden, wenn sie nicht
mehr bloß frontal, sondern in weitem Bogen flankierend eine kon=
zentrische Kanonade eröffnen konnte! Diese Flankierung und somit
der endgültige Erfolg lag jetzt einzig beim XI. Korps, auf das sich
alle Blicke richteten. Mittlerweile aber hielt die 10. Division mit
einer Ausdauer Stand, die jeglichem Lobe zu groß. An Wieder=
eroberung einiger vom Feind östlich Wörth dem Stürmer ent=
rissener Abschnitte war nicht zu denken. Im Gegenteil gewärtigte
man erneutes Vorgehen desselben. Die 18. Brigade der 9. Division

ward daher gleichfalls nach Westseite von Wörth bei Spachbach
übergeführt, die andere Hälfte (Posener Brigade) blieb zurück=
gehalten am jenseitigen Ufer, um später eventuell weiter aufwärts
bei Sägemühle den Übergang zu erzwingen, wo die Ankunft des
I. bayr. Korps v. d. Tann ermöglicht wurde. Der Geschützkampf
raste weiter. Man zählte jetzt nach neuen Anordnungen auf dem
Höhenrücken von Gunstedt bis Sägemühle 150 Stück, daran
schlossen sich einige schon vorhandene bayerische Batterieen, die
v. d. Tann vorausstrabten, und dazu kamen später noch einige
andere vom I. und II. bayr. Korps. All diese Massen feuerten
direkt geradeaus gegen die Fröschweiler Hochfläche und die Mulde
von Elsaßhausen. Die Infanterie Raoults nahm jetzt verdoppelte
Beschießung der Sauerufer vor, als die 18. Brigade nachrückte.
Auch Mitrailleusen kamen hier zu gedeihlicher Anwendung. Doch
kommt vorerst nur im Centrum ein hinhaltendes Gefecht heraus,
da augenblicklich zum eigentlichen Entscheidungskampf sich alles nach
dem Westflügel hinschiebt.

"Am 2. August per Eisenbahn von Marseille in Straßburg
angelangt. Am 3. ab von Straßburg, Marsch, Lager 3 km nörd=
lich Hagenau. Am 4. Abmarsch in zwei Kolonnen. I., II. Bat.
unter dem Regimentskommandeur kampieren bei Seltz seit Nach=
mittag. Vier Kompagnieen Avantgarde auf Straße nach Lauter=
burg. Hörten Kanonendonner von Weißenburg. Patrouillen melden
große Truppenbewegungen von Norden her. — III. Bataillon, Kom=
mandant Laman, geht auf Sultz=im=Walde. Man hört Kanonade
von Weißenburg. Wo Straße und Eisenbahn sich schneiden, er=
scheinen Herr Marschall in Person, Ordre: Sultz besetzen. 3 Uhr
nachmittags Meldung, daß Div. Douay von Weißenburg zum
Rückzug gezwungen. Bataillon nimmt sofort Waffen zur Hand, um
Defilieren Douay's zu decken, in guter Stellung vor Sultz. 5 Uhr
Douay in vollem Abmarsch. 6 Uhr Ordre auf Wörth zurückzugehen.
Bataillon langt dort Mitternacht an, lagert neben 3. Zuaven,"
trägt der Oberst des 36. Rgts. seinem im Feuer inspizierenden
Brigadekommandanten, General L'Hériller, aus dem Regiments=
rapport vor: die Truppe ist soeben erst angelangt und in die
Schlachtordnung eingerückt.

„5. August: I., II. Bat. in Seltz erhalten Befehl, auf Hagenau
zurückzugehen, 5 Uhr morgens. Ein feindliches Detachement zur
Rechten wird vertrieben von 2. Kompagnie, Lieutenant Brambélle.
Ankunft in Hagenau 4 Uhr. — III. Bat. wird postiert links von
2. Zuaven, die eigene Linke an Straße Wörth-Fröschweiler gelehnt.
Truppen in Pelotonskolonnen mit vollem Zwischenraum, Front
nach Wörth. 9 Uhr morgens Ankunft von 500 Reservisten aus
Marseille, Bataillon jetzt mehr als 1000 Mann effektiv. Abends
7 Uhr Kompagnie de Chauvenet als grand' garde ausgesetzt.“

„Sehr gut,“ nickt der General, der zerstreut zuhörend die
Sauerufer durchs Fernglas beobachtet. „Fahren Sie fort!“

„Nacht zum 6. ein Uhr nachts Aufenthalt auf Bahnbeför=
derung, Linie Hagenau-Reichshofen, infolge falschen Alarms. Mann=
schaften aus dem Zug abgestiegen, besetzen den Bahndamm. Schwerer
Sturmwind mit Regen. Nach zwei Stunden steigt man endlich
wieder in die Waggons. 4 Uhr morgens Ankunft in Reichshofen,
sofortiger Abmarsch nach Fröschweiler. Ankunft dort 8 Uhr.“

„Der Oberst klappt das Rapportbüchlein zu und erläutert münd=
lich: „Durchschreiten des Ortes, Schwenkung, zuletzt rechts von Div.
Ducrot in Stellung, links vom 18. Regiment. I. Bat. in Tirailleurs
an der Waldlisière. III. Bat. weiter rechts in erster Linie zwischen
48. und 2. Zuaven. Kompagnie Chauvenet um 8¹/₂ Uhr wieder zum
Bataillon eingerückt. Divisionskolonnen, halber Zwischenraum.“

General L'Heriller überlegt, ob er sein Linienregiment schon
jetzt engagieren soll; das III. Reservebataillon der 2. Turcos, dessen
Feuerkraft bis jetzt verhalten, speist nun auch schon die Vorderlinie.
Der Schlachtlärm nimmt zu.

Der zweite Schützenzug (Sektion) der 1. Kompagnie III 36,
Lieutnant Parés, unterhält lebhaftes Feuer gegen feindliche Schwärme
am Sauerufer. Seit 11 Uhr fallen schon Granaten in Menge
hierher aus den fächerförmig auffahrenden preußischen Geschützlinien.
„Halbsektion 1. und ganze 6. Kompagnie vor!“ Kapitän Pabanel
vom 36. verstärkt die Tiraillerlinie. Da tötet von rückwärts her
eine Granate den Kapitän Sauvaire, die Kapitäne Pabanel und
Poitelle sind verwundet: eine Divisionsbatterie Raoults vor Frösch=
weiler hat mit zu kurzem Schuß in die eigene französische Vorder=
linie hineingepfeffert!

Beim I. Bat. muß schon Kommandant Prouvost schwerver=
wundet das Schlachtfeld verlassen, übergiebt das Kommando an
Adjutant=Major Terrin. Das Chassepotfeuer zwingt anfangs den
Feind — Schützenzüge von 19. Brigade — zurückzugehen. Oberst
Krien glaubte nun von dieser Richtung nichts mehr befürchten zu
brauchen und beschloß daher eine Schwenkung nach links. „1. 5.
6. I 2. 3. II Marsch!" Durch den Fröschweiler Wald auf die
Linke der 2. Turkos sich verpflanzend. Aber 1. 6. I, die als Queue
zuletzt folgen, kommen dort nicht mehr in Stellung und bleiben
auf der rechten Flanke des Regiments, indes 4. 5. 6. II als linker
Flügel aus der Waldlisière zurückgehen müssen und auf die Hoch=
fläche ausweichen.

III 36. stand bis nach 1 Uhr in defensivem Abwarten, da kommt
plötzlich Ordre: Avancieren! Nach erbittertem Gefecht muß man auf
halbem Wege anhalten, wobei Lieutnant Perret getötet, Adjutantmajor
Burret tötlich verwundet. Der Feind wächst zusehends an Stärke,
man weicht links der Wörther Straße höher hinauf rückwärts.

Es war das Eintreffen des Restbataillons I 46, was den
Deutschen frischen Impuls gab: die erste Terrasse westlich Wörth
ward allseitig erstürmt. II III 2. 3. wichen bis zum „kleinen
Wäldchen" zwischen Elsaßhausen und Niederwald, mit ihnen III 36.
I 21. und 17. Chasseurs. Mächtige deutsche Kräfte setzten über, von
heftigem Artilleriefeuer der Franzosen begrüßt, das vornehmlich die
47 er heimsucht, welche unerschrocken die Sauer durchwaten. Nun
summt und murrt es wie von Heuschreckenschwärmen, nun heult
und zischt es hohler und lauter; man tritt in die Chassepotzone,
in wirksamen Bereich von Mitrailleusen. „Vive l'Empereur!"
Der alte schaurigsüße Liebesruf der Gloriolegende, das sieggefeite
Feldgeschrei der gallischen Legionen — hier schallt es wieder. Nun
ist man mitten drin, und die 18. Brigade, diesmal vollzählig,
schmeckt sofort der Krisis volle Bitternis.

Mit rücksichtsloser Entschlossenheit, ohne Stutzen, werfen die
deutschen Regimenter sich auf den Feind. Hin und zurück wogt
das Getümmel. Es wiederholt sich das Schicksal der Vormittags=
kämpfe. Fünfmal wurden damals einzelne Teile von den Zuaven
nach Wörth hineingeworfen. Auch Verstärkungen, die mit klingendem

Spiel aus dem Städtchen gegen die Anhöhen debouchierten, mußten mehrfach ins Innere zurück: bis zum Eingang von Wörth drangen häufig die kriegsgebräunten Afrikaner, Rot- und Weißhosen. Oft sah man die braunen Gesichter ganz nahe, einander das Weiße im Auge.

Die 18. Brigade warf sich mit den 50ern vor, bis zum „kleinen Wäldchen" die obengenannten Körper zurücktreibend. Hier aber Schluß! Beide Teile halten so wütend Stand, daß man sich mehrfach auf den Leib rückt unter prasselndem Schnellfeuer: unter jähem Aufschreien wälzen sich dann die ersten Glieder am Boden und die eine oder die andere Linie weicht ein wenig. Gierig saugt der dürre Acker der Hochfläche den reichlich rinnenden Blut- quell. Erbarmungslos stampfen Vorstürmende über zuckende Leiber weg, und wenn deutsche Verwundete vorübergehend in Hände der Turkos fallen, zeigen Verstümmelungen, daß die bestialen Kerle ihren Racheburst gekühlt. Das erbittert erst recht den kühleren, aber nachhaltig glühenden deutschen Zorn. Langsam, langsam, aber immer stetig in gutem Feuerkampf gewinnen die 50er, 37er, 6er, 46er, 7er, 47er Zoll für Zoll ruckweise Boden. Mittlerweile richteten sich die Füsiliere der Posener 58er in Hopfenpflanzungen an der Sauer ein, das Gros der 17. Brigade rückt nach. Alle Ab- stände schwinden, ein regelrechtes Auseinanderziehen der vorprallen- den Massen glückt nicht.

Dagegen fechten die Zuaven und Turkos, von Linieninfanterie und Chasseurs unterstützt, durchaus sachgemäß in breiter Ent- faltung. Deutscherseits müssen sogar die Pioniere in erste Reihe eindoublieren, um eine Lücke zu füllen, ihr Chef Scheibert wird bitter verwundet. Obersten und Majore verhauchen die Seele im Siege, denn das Gefecht scheint vorwärts zu gehen. Vergeblich bricht die gallische Angriffswut aus, vergeblich barbarische Wildheit und schakalhaftes Geheul der Kabylen, auch der Colonel der 2. Turkos, Suzzoni, zahlt mit dem Tode. Und wenn die aal- glatten Windungen der algerischen Tirailleure den knuffligen Wasser- polaken des V. Korps nicht imponieren, da sollen die lustigen Hessen und Thüringer vom XI. sich fürchten? Energisch suchen sie die erste Scharte auszuwetzen, dringen allerorts über die Sauer und in weitem Bogen flankierend gen Moosbrunn vor, indes frontal am Niederwald ein mächtiges Raufen anhebt. — —

„Voilà des braves!" ruft da drüben Brigadegeneral Maire unwillkürlich, als er das standhafte Vorarbeiten einiger Kompagnieen auf der Linken des V. Korps bemerkt, und als auch schon gleichzeitig sein höherer Chef Conseil-Dumesnil ihm sofortige Offensive befiehlt: „Die Rechte Raoults weicht, die Reserven endlich vor!" Hätte Mac Mahon sich früher dazu entschlossen, würde er die 19. Brigade längst in die Sauer geworfen haben. Doch erst jetzt flößten Vorgänge zur Rechten und Meldungen Lartigues dem Marschall ernste Besorgnis ein.

Die 3. Zuaven, vorgestern auf den Höhen von Gunstett lagernd, waren gestern südlich Elsaßhausen in Stellung gebracht, im Niederwald, der nach Gunstett vorspringend bis 400 Meter an die Sauer heranläuft. Ein Waldweg durchschnitt das Gehölz von West nach Ost, in die Wörther Straße mündend, gekreuzt von einem andern Weg Morsbronn-Fröschweiler. „Der Niederwald ist der Schlüssel unserer Stellung zur Rechten," klärte Lartigue den Obersten Bocher auf. „Die 3. Zuaven haben die wichtige Mission, die Verbindung mit dem Zentrum aufrecht zu halten." „Den Niederwald entreißt uns niemand!" hat Bocher zuversichtlich versprochen. „Bis zur letzten Patrone!"

Nach der regnerischen Nacht trocknen die Zuaven grade ihre Kleider am Biwakfeuer und nehmen den Kaffee ein, als die Kompagnie der „Grand' Garde", Kapitän Revin, die Annäherung des Feindes meldet. Das Regiment formiert sich. „I. Bataillon an der Waldlisière, Front nach Albrechtshäuserhof, rechts. III. Bataillon im Nordrand links, II. Bataillon Front nach Gunstett in der Mitte." Letzteres postiert sich auf einer großen Lichtung, auch die 3. Kompagnie schließt sich ihm an; es soll vorerst als Reserve dienen, ebenso das III. „Leider zwei Kilometer Ausdehnung!" „Und noch kein Verhau hergestellt!" beklagen sich die Offiziere heimlich. N'importe! Man wird den Wald nie räumen oder nicht eher, bis er nicht von preußischen Leichen umtürmt.

Kompagnie Revin der Vorhut wird zuerst angefallen. Links umgangen, weicht sie ein wenig, eröffnet aber dann ein rollendes Feuer auf 200 Meter Distanz, vor dem der Gegner zerstiebt. In diesem Augenblick brechen auch die 1. Chasseurs nochmals vor, die erften heffifchen Bataillone werden in Unordnung über die Sauer zurückgeworfen. Aber bald erneuerten fie ja mittags den Befuch, dauerhafter.

Da der Stoß von Gunftett kommt, muß das II. Bataillon aus dem Innern vorgehen; es engagiert nacheinander all feine Kompagnieen. Der Kampf wird immer heftiger, Kommandant Parifet verwundet. Mit ihm die Lieutnants Salzmann, de Givri, Caillard, Bardol, Gros, Forcioli. Die deutfchen Batterieen von Gunftett her reißen furchtbare Lücken. Hin und her wogt der Kampf. Die Lifière geht abwechfelnd aus einer Hand in die andere über. Die Bajonnetattaken der Zuaven gelingen mehrfach, doch der Gegner weicht nur, um verftärkt zurückzukehren. „Laßt mich nicht in Feindeshand!" bäumt der tötlich getroffene Kapitän Mascureau, eine alte algerifche Kriegsgurgel, fich auf. Nach kurzem Ringen, wie um die Patroklusleiche der Ilias, wird der Sterbende preußifchen Händen wieder entriffen. Die Gefahr wächft, das vorfpringendfte Waldftück wird beinahe genommen. Unteroffizier Marie, blutend, den Rock von Kugeln durchlöchert, läßt das ihm anvertraute Ehrenzeichen nicht finken, aber „Die Fahne in Gefahr!" Oberftlieutnant Deshorties holt alle rückwärtsftehenden Kompagnieen, auch Teile vom III. Bataillon, er felbft fällt, aber der Oberft ruft fogar die Sappeurkompagnie, alte Eliteveteranen, feine Triarier. Sie eilen im Laufschritt herbei und retten die Fahne.

„Hervé, eilen Sie zu Lartigue, wir müffen Verftärkung haben!" Adjutantmajor Hervé — einer bedeutenden militärifchen Laufbahn aufgefpart — bringt ein Bataillon 56er als Referve. Aber das hat fchon rechts vom Walde gefochten und viel gelitten und wird drum nach links aus dem Feuer gezogen, um das III. Bataillon zu ftützen, gegen das mehr und mehr die Flut des Feindes fteigt.

Mit unvergleichlicher Zähigkeit fechten die Zuaven fort gegen unbeftreitbar große Übermacht. „Seht auf mich!" Kapitän de St. Sauveur reitet im Schritt hinter der Tirailleurkette, die Gefchoffe hageln um ihn, der Tod fcheint ihn nicht berühren zu dürfen. Und feine Zuaven fterben, wo fie ftehen, keiner weicht, die kühnften Angreifer fallen unter ihren Bajonnetvorftößen und noch immer find fie Herren des Waldes. Das I. Bataillon führt mittlerweile einen Heldenkampf am Albrechtshäuferhof. Anfangs hat es ftarken Er-

folg und eine kraftvolle Flankenattake des Kapitän Corps entfernt
die Hessen vorübergehend. Doch schon gehen die Patronen aus;
ein Munitionswagen vom 56. de ligne, den man herschickt, wird
im Augenblick geleert. Lebhafter drängt der Feind, man sieht sich
rechts umgangen.

Gegen 1 Uhr hatte der Kampf noch keinen rechten Umschwung
erfahren; erst gegen 2 Uhr, nachdem wiederum das Gros der
44. Brigade und die zwei im Rückhalt verbliebenen Füsilierbataillone
der 43. einen dritten großen Angriff unternahmen, wankte die brave
Division Lartigue. Die 3. Turkos kamen jetzt ganz ins Feuer,
keine Kompagnie mehr in Reserve, ein allgemeiner Gegenstoß eroberte den Albrechtshäuserhof zurück, der in Hände der frischen
94er gefallen war. Ein Teil des XI. Korps mußte schon aus dem
Feuer gezogen werden, des Sammelns bedürftig; die Unordnung
stieg auf den höchsten Grad. Neben sieben frischen Bataillonen
waren es nur noch sechs hart mitgenommene, die den Strauß am
Niederwald weiterführten. Vier hatten es nicht mehr ausgehalten,
drei blieben noch intakt rückwärts. Zuletzt bildeten nur noch
20 Kompagnieen, bunt durcheinander gemischt, das Vordertreffen,
vier Bataillone dienten als Rückhalt. Wäre es überhaupt möglich
gewesen, eine dreifache Übermacht guter und hingebender Soldaten
zu schlagen, die Heldenzuaven hätten's fertig gebracht, nicht zu vergessen die Chasseurs und Turkos, auch nicht das wackere 56. de
ligne, das gleichfalls eine doppelte Übermacht gegen sich hatte und
nur Schritt für Schritt aus Morsbronn nach Eberbach abzog.
Die 43. Brigade folgte dicht auf dem Fuße. „Es muß etwas geschehen, sonst ist Alles zum Teufel!“ rief General de Lartigue.
„Haben Sie dem Marschall auch richtig vorgetragen?“ „Zu Befehl“, erwidert der Ordonnanzoffizier. „Doch ohne an dieser hohen
Stelle Gehör zu finden. Se. Excellenz vertrösten uns nochmals
mit Ankunft der Division Lespart, die ja nicht lange auf sich warten
lassen könne.“

In dem verheerenden, rollenden Feuer der französischen Linien ward
passives Zuwarten bald zur Unmöglichkeit, es hoben daher neue Offensiv-
stöße an. Die 6er westpreußischen Grenadiere faßten rechts festen
Fuß mit Anlehnung an Wörth, halbkreisförmig. Aber dem Auftreten

größerer feindlicher Kräfte gegenüber und außerordentlichem Geschoßhagel
auch vom Fröschweiler Holz her ausgesetzt, befanden sie sich bald in
böser Lage. Man machte links keine Fortschritte mehr, aber bewog die
Franzosen wiederholt durch ein a tempo vom Galgenhügel abgegebenes
Schnellfeuer zur Umkehr, nachdem sie in der Mitte schon wieder bis auf
100 m Entfernung die Lisière von Wörth berührt. Die 17. Chasseurs
der Division Dumesnil wurden mit erheblichen Verlusten heimgeschickt.
Noch hätte es Mac Mahon in der Hand gehabt, der doch seine ganze
Macht beieinander hatte, eine Teilniederlage zu bereiten, ehe noch das
XI. Korps ihm bedrohlich in die Flanke fiel, das bisher sich noch am
Saum des Niederwalds abquälte. Jetzt erst wurden Verstärkungen
hinterm rechten Flügel Raoults angehäuft, insofern Division Conseil-
Dumesnil auf Befehl des Marschalls Brigade Maire vorschob und auch
das 3. de ligne der Brigade Nicolai in Bereitschaft setzte.

„Wir müssen jetzt den Schwerpunkt dorthin verlegen," äußerte sich
Mac Mahon, „um die Verbindung mit Lartigue zu wahren. Wird
der Galgenhügel zurückgenommen, so ist auch der Niederwald gerettet."
Es war das alte Zaudern des Marschalls, das man schon bei Magenta an
ihm kannte, wo er erst den vollen Aufmarsch seiner sämtlichen Divisionen
abwartete, ehe er angriff und so beinahe zu spät kam, — bei Solferino,
wo er eine volle Stunde überlegte, ob er vom Campo di Medole ins
Centrum seitwärts abrücken solle, um dem österreichischen Korps Stadion
in die Flanke zu fallen. Damals entschied er die Schlachten, das Kriegs-
glück war ihm hold, aber ob der Gegner ihm heut die Zeit zu so langem
Besinnen lassen wird?

Freilich ist der Herzog v. Magenta ja auch der Mann vom Malakoff,
der heldenhafte Fortreißer zu unaufhaltsamem Sturme. Und ob er heut nicht
auch noch diese Seite seines Wesens entfalten, in der Verzweiflung wie
ein Tiger um sich hauen muß?

Östlich dringen blaue Kolonnen am Niederwald vor, um Lartigue von Raoult zu trennen und die Verbindung mit Elsaßhausen
zu zerschneiden, südlich wälzen sich andere gen Morsbrunn, um die
äußerste Rechte zu umwickeln. „Ich mache mir keine Illusion, die
Lage ist drohend." General Lartigue wendet sich zu seinem Stab.
„Debordieren die Preußen Morsbrunn, ist's um mich geschehen . .
noch mehr: um die Armee. Unsere Schlachtlinie wäre auch im
Centrum unheilbar gebrochen. Es bleibt nur noch ein Mittel . ."
„Die Küraffiere!" fällt einer ein. „Ganz recht! Sofort zu General

Duhesme! Ich autorisiere ihn, vom Fleck aus zu attakieren! Koste
es, was wolle!" —

„Was? Narrheit! Das heißt meine Leute in sichern Tod
schicken!" Divisionsgeneral Duhesme, leidend, unfähig zu Pferd zu
sitzen, fertigt erzürnt den Ordonnanzoffizier ab. „Sehen Sie sich
doch um! Das Gelände fällt in Abhängen zur Sauer ab, durch-
schnitten von Gräben und Apfelbäumen! Überall kann sich der
Feind einnisten, ohne eine kompakte Masse zu bieten!" „Mein
General," erwidert der Bote respektvoll, aber fest. „Das alles
weiß mein Chef. Aber es nützt zu nichts. Die Kavallerie muß
sich opfern, um diese Division zu degagieren." „Muß sich opfern!"
fährt jener auf, doch besinnt er sich: Er hat formellen gemessenen
Befehl des Oberkommandos, sich solchem Verlangen zu unterwerfen,
an die Wünsche de Lartigue's als bindend verwiesen. Einen Augenblick zögert er noch . . dann, tiefe Wehmut in der Stimme: „Meine
armen Kürassiere!", sendet er den Boten zu seinem Brigadegeneral
Michel. Dessen Kürassierbrigade hält vor Eberbach in einer Thal-
sohle, unbeweglich, Zügel am Arm, abgesessen. Oft genug platzen

hier deutsche Granaten, die Mannschaft war unruhig geworden. „Da kommt 'ne Ordonnanz in Carrière! Uns gilts! Vorwärts!" Ein Stabskapitän salutiert kurz: „General, wollen Sie gefälligst Division Lartigue entlasten? Wir befinden uns in sehr schlechter Lage!" Ein Aufatmen erleichterter Genugthuung begrüßt die Kunde.

General Michel erwidert nichts. „Aufsitzen!" Die Brigade reitet in Schlachtordnung auf. Herrlich strahlen die 8. und 9. Küraffiere im Pomp ihrer Rüstung, im Glanz der Mittagssonne. Und der General sprengt eilig die Front entlang, mit donnernder Stimme ruft er: „Thut wie bei Waterloo!" Tausendstimmiger Zuruf fällt bekräftigend ein, die Schwerter heben sich wie zum Schwur. Erst in langsamem Trab, dann in geschlossenem Galopp setzen sich die Eisenreiter in Bewegung. „8. Küraffiere vorauf! Eskadronskolonnen! 9. in zweite Linie, deployiert, rechts debordieren!" In diesem Augen= blick hängen sich unerwartet auch Lanzenfähnlein zur Rechten der 9. Küraffiere an. Die Speerspitzen funkeln wie bleiche Wintersonne, das Messingkupfer des Rüstzeugs, das Sonnen=Emblem der Tschakos. „Hier zwei Eskadrons 6. Lanciers! Befehl vom Divisionär!" wird gemeldet. „Par quatre .. au trot — marche!" Beim ersten Vorwärtsmarsch fallen schon einige Reiter und Pferde: feindliche Tirailleure sind aufmerksam geworden. Schweigend legt man in großem Trab binnen weniger Minuten 200 m zurück. Nur 100 Schritt Interwalle zwischen den einzelnen Treffen. Vorn die Ebene schwarz von Preußen, hinten Elsaßhausen in Flammen.

Wieder galoppiert Michel, brav wie sein Ahnherr bei Waterloo, die Front entlang. Er hebt sich in den vergoldeten Steigbügeln, den Degen hoch. Seine Stimme bebt vom Gefühl aufopfernder Ehre: „Kameraden, man hat uns nöthig. Wir attakieren. Jetzt laßt uns zeigen, wer wir sind und was wir können!" Und aus all diesen kräf= tigen Männerbrüsten ringt sich ein einziger, einstimmiger Aufschrei los — nicht „Vive l'Empereur!", das ist vergessen — nein „Vive la France!" Die Obersten wiederholen das Kommando: „Chargez!"

Alle Pallasche blitzen in der Augustsonne mit tausend Funken, und hinein gehts in den feurigen Ofen. Entsetzliches Feuer von allen Windrichtungen — Knäuel stürzender Panzerreiter und Gäule, schwerer Harnische und schwerer Rosse — aber weiter rasen die 8 Küraffiere durch die kühl standhaften Schützenlinien der Thüringer,

überspringen Gräben, schlüpfrige Wiesenwege, Baumstämme. Seinen Regimentern voran, giebt Michel neben Oberst de la Rochère ein edles Beispiel. Da taucht schon die weiße Mauer von Albrechts=häuserhof nahe auf.. Da läuft eine langdauernde Generalsalve die deutschen Linien entlang, mörderisch, vernichtend. Aber die Tapfern attakieren weiter. Ohne genaue Richtung, ins Leere hinein, wo sie nichts auf ihrem Wege finden, als platzende Granaten.

Sie drehen sich hierhin, dorthin, alle Verbände mengend. End=lich aufgelöst, wirbeln sie durch Zwischenräume und Flügel der deutschen Bataillone. Der zügellose, tolle Lauf des brüsken plötzlichen Einbruchs hat sie isoliert, mitten in die deutsche Schlachtordnung ge=führt. „Nach Morsbrunn ausbiegen!" heischt der Instinkt der Selbst=erhaltung, als man so teuer die Verwegenheit bezahlen soll. Zwei Eskadrons umgehen den Ort, die beiden andern aber stürzen sich blindlings hinein, um hindurchreitend etwas Deckung zu finden.

Trügerische Hoffnung! An allen Fenstern tauchen Pickelhauben und Mützen auf.. Morsbrunn ist von den Thüringern schon besetzt, die nun ein Höllenfeuer herniedersenden. Die vorderste Schwadron wirft auf der Hauptstraße alles vor sich nieder.. Da bricht eine Barrikade von umgeworfenen Wagen und Tonnen ihren Anlauf. Aber der ist nicht mehr zurückzuhalten. Der Attakengalopp treibt die unglücklichen Reiter in Barrikaden und Sackgassen hinein, ihre

Reihen stauen sich auf, stoßen sich, häufen sich stürzend übereinander, zerdrücken sich gegenseitig, indes die deutschen Füsiliere auf nächste Nähe sie herunterschießen. Die beiden andern Schwadronen, den Obersten an der Spitze, sehen sich rechts von den Lanciers unter= stützt .. ihre gefällten Lanzen sind in einer Linie, wie mit der Schnur bemessen in prachtvollem „Richt' euch" (alignement) .. gleichzeitig aber rasseln heranstürmende Säbelreiter, blaue Husaren .. jauchzendes Hurrah der 13. Hessischen verkündet den Zusammenstoß.

Oberstlieutenant v. Heubuck reitet tapfer ins Handgemenge hinein. Man mißt sich Mann zu Mann, der Choc ist rauh, das Engage= ment erbittert. Männer und Pferde reiben sich, werfen sich um in zahllosen Einzelkämpfen. Die gekrümmten Husarensäbel durchhauen die Stich=Paraden der graden Kürassierschwerter und der kurzen Lanzen. „Nach den Gesichtern zielen!" „Die Kerls, denen die Schweife um die Ohren rumbammeln, immer quer in die Fresse hauen!" mahnen die Befehlshaber, und mancher Helm taucht zur Erde kollernd seinen schwarzen wolligen Roßschweif in blutbesudelten Staub. Blut fließt allerorts unter der blanken Waffe. Dazwischen fallen Pferde, am Beine getroffen, und ein vom Pferde fallender Reiter ist fast immer verloren. Die rotweißen Lanzenfähnlein, die griechischen Kammhelme wenden sich zur Flucht .. rückwärts über den Eberbach ins Dickicht des Hagenauer Waldes. Hier und da erhebt sich noch ein Reiter, schmutzbedeckt, und feuert zu Fuß auf Vorüberjagende: „Tiens, mon vieux, va porter cela à Berlin!"

Ach, man trägt heut mehr Blessuren nach Paris! Die 8. Küras= siere existieren nicht mehr; etwa 100 sammeln sich zum Klang der letzten Trompete — 20 Offiziere, 350 Mann fehlen, getötet, verwundet, meist verwundet gefangen. Die 6. Lanciers rufen nach ihren Offizieren. — „Vierzehn sind wir gewesen, keiner ist heil!" Fünf tot, die elf Überlebenden alle schwer verwundet. Neun Zehntel der Mannschaft außer Gefecht gesetzt! Und kaum eine Lanze gerötet, keine drang in Brust oder Rücken umgerittener Gegner, kaum einen hat man am Boden festnageln dürfen. Auch sie waren zuletzt links abgeschwenkt, nach Morsbrunn hinein, und hier war's, wo die große Schlächterei begann. Aus allen Gärten sprühte Schnellfeuer unsichtbarer Gegner, die kein Hieb erreichen konnte — das ganze Defilee nur ein einziges Bleibach .. nichts möglich als Defilieren vor unvermeidlichem Tode! Etwa fünfzig Küraffiere und Lanciers, von einem Kapitän und einem Maréchal de Logis geführt, entwinden sich dem Gemetzel, um in die französische Linie zurückzukehren, als eine Husarenschwadron ihnen nachsetzt, um die Rückkehr abzuschneiden. „Demi-tour!" Die Tapferen, alle ihre Pferde verletzt, abgehetzt und müde, traben die feindliche Linie vorüber, die Halt macht und sie respektvoll passieren läßt. Nur eine kleine Füfillade mit Karabinern und Piftolen auf 10 Schritt erfolgt .. die Franzosen zerftreuen sich rasch und suchen einzeln das Thal von Elsaßhausen zu gewinnen. —

„Und die 9. Küraffiere?" fragt General Duhesme den Adjutanten, der ihm die Hiobspost überbringt. „Man fürchtet, ihnen erging's noch schlimmer!" So ifts. Bis links von Gunftett, von wo die deutschen Batterien brüllen, mit höchfter Schnelligkeit fortgeriffen, erftreckte sich ihr Sturmritt 800 m weit, ehe auch sie nach Morsbrunn abbogen, auch sie dort an unüberfteiglicher Schranke von allen Seiten den Tod empfingen. Da findet Oberftlieutenant Archambaud de Beaune sein Ende, Oberft Waternau wird unter seinem zerschmetterten Roß noch rasch hervorgezogen. „Sind Sie das, Manfart?" „Ja, mein Colonel, hier bitte mein Pferd!" opfert sich dem Maréchal des Logis. „A moi, mes braves! A votre colonel!" Auf den Zuruf Waternaus sammeln sich die letzten Kampffähigen und nochmals tönt ihr „Vive la France!" Umsonft. Nur fünfzig und zwei Offiziere entkommen, den ganzen Reft des Regiments mit dem Oberften nimmt die Mausefalle Morsbrunn gefangen, nachdem 200 Mann niedergeftreckt. — „Das ist die Brigade Michel!" Ihr Chef, wie durch ein Wunder entkommen, muftert die Trümmer: 150 von 900 Streitern! Das 9. Küraffierregiment hat aufgehört, aus der Reihe der Zahlen verschwunden! —

Herrlich haben die Thüringer Schützenschwärme die wuchtige Attake abgeschlagen, obschon anfangs ein Zittern ihre Glieder durchlief bei dem unerwarteten Anblick, als aus weißgrauem Pulverdampf sich gelblicher Staub antrabender Reifigen sich loslöfte. Überall schärften die Führer ein, nur auf ihren Befehl das Feuer zu eröffnen, und die Leute bezwangen die erregten Nerven, das angftvolle Herzklopfen. „Legt an!" „Nicht zu hoch halten!" Erft als die ftolzen Geschwader nahe herangebrauft, entlud sich der Krater,

vor dem die lebendige Mauer von Roß und Mann wie vom Blitz
getroffen in sich zusammensank, abprallend mit der festgeschlossen
beweglichen Wand ihrer Küraffe vor der härteren beweglichen Mauer
glühenden Eisens! Sie zersplittert, die vorstrebende Stahlwand.
„Feuer!“ „Geladen!“ „Legt an, Feuer!“ Umsonst schienen die
flinken Hufe kaum den Boden zu berühren, jetzt schlagen nur hun=
derte sich überschlagende Gäule am Boden mit den Hufen. Ja, so
heldenhaft diese tapfre Reiterei sich zwischen die Geschosse stürzte,
Ehre auch den musterhaften Schützen, die lose, oft gar ohne Knäuel
zu bilden, den Stoß auffingen! Zu ihren Füßen lagen sie jetzt,
die alten Schlachtenreiter, deren schwarze oder schon ergrauende
Knebelbärte im Winde wehten, als sie in rasender Carrière vor=
überstoben. Der Harnisch umschloß umsonst die breite Brust, keinen
Schutz gewährend. Da liegen sie im martialischen Pomp ihrer
Rüstung. Noch atmet todesverachtender Kriegertrotz auf den starren
Zügen unter dem römischen Helme. Die Reiterherzen hörten auf
zu schlagen. Aber der Sieger stand über ihren Leichen mit achtungs=
vollem Mitleid, schier verwundert, daß er ihrer Herr geworden!

Mittlerweile war die deutsche Feldartillerie im Zentrum nicht
müßig. Fürchterlich beschoß sie die Höhen von Elfaßhausen, von
wo die Franzosen kommen sollten, wie man aus dortigen Beweg=
ungen wahrnahm. Drei frische Regimenter!

„Entfaltet die Fahne! Ich will den Adler heut euch leiten
sehen aufs Feld der Ehre!“ feuert General de Maire die Seinen
an. „Das Schicksal Frankreichs liegt in unseren Händen!“ Das
47. Rgt. wirft sich zuerst heran, vor und links vom 99. Zahlreiche
Impedimenta bringen Unordnung in die Reihen, doch sie formieren
sich neu auf dem Höhenkamm und Brigade Maire stürzt sich auf
den Feind mit prachtvoller Verve. Das 3. der Brigade Nicolai
rechts bewahrt eine gediegene Geschlossenheit, der Anlauf ist gut
geleitet und nichts scheint diesem disziplinierten Sturmwind wider=
stehen zu können.

„Sagt, daß ich im Dienste Frankreichs sterbe, und ohne Be=
dauern!“ General de Maire fällt. Wie ein Tornado schnaubt
die Brigade weiter, doch Teile der 6er nordöstlich und die Feuer=
gruppe am Galgenhügel südwestlich schossen über Kreuz und ver=

urſachten ſo großen Schaden, daß zuerſt das 47. ſtockte. Eine
geſchloſſene Bataillonsattake gegen unſere linke Flanke ward in
freiem Felde mit dem Bajonnet abgewieſen. Dieſer Zuſammenſtoß
war ſo blutig als nur irgend ein blutigſter am heutigen Tage.
Denn obſchon das Regiment nur ein Drittel der Zeit focht, wie
die andern Regimenter des Heeres, ließ es doch zahlreiche Offiziere
und nahezu 1200 Mann auf dem Platze. Und nicht beſſer als
dem 47. ging es den andern Genoſſen des Angriffs, vornehmlich
dem 3. de ligne. Brigadegeneral Nicolai ward ſelbſt verwundet.

Dieſem zweiten doppelten Hauptgegenſtoß gingen niederſchmet=
ternde Generalſalven der deutſchen Geſchützlinie voraus, die jetzt allein
im Zentrum 108 Geſchütze (24 bayeriſche) beiſammen hatte. Sie er=
ſchütterten durch und durch die zweite obere Terraſſe der Höhenſtellung,
ſie brachten endlich das feindliche Fußvolk zum Stehen. I 47. hatte
ſich I 2. Zuaven angeſchloſſen nach der Mitte zu. II III 47. und
II III 99. hatten um 1½ Uhr längs der Chauſſee nach Wörth ſich
in Bewegung geſetzt auf perſönlichen Befehl des Marſchalls, nur
I 99. blieb beim „kleinen Wäldchen" ſüdöſtlich Elſaßhauſen in
Reſerve zurück. Den ungeſtümen Anlauf, bei dem General de Maire
ſchon frühe den Heldentod fand, vermochten anfangs die 37er und
6er nicht aufzuhalten, ſie wurden den Abhang hinabgeworfen.
Doch unſer I 46., das ſchon vorher erfolgreich gewirkt, leiſtete hier
Außerordentliches, auch das 99. de ligne ward geſchlagen.

Währenddeſſen war das 3. derartig gegen den Galgenhügel vor=
gegangen, daß die ſchon weit vorgedrungenen deutſchen 47er der 18.
Brigade zurückgeſchlagen und der Hügel beinahe erobert wurde. Ein
ſcharfes Artilleriefeuer Dumesnils vom „kleinen Wäldchen" her leitete
den gewaltigen Vorſtoß ein und ein Erfolg ſchien hier nicht aus=
bleiben zu können. Aber das Flankenfeuer der 50er brachte be=
reits die mittlere Sturmſäule I 2. 3. und I 47. in Unordnung,
endlich zum Weichen, indes die 7er Königsgrenadiere hinterm Galgen=
hügel vorbrachen. Hier tobte noch ein überaus blutiger Nahkampf
und der franzöſiſche Elan ſchien ſich trotz alledem durchſetzen zu
wollen.

Die Deutſchen, anfangs mit regelrechten Abſtänden ins Ge=
fecht gerückt, ſtehen längſt in unregelmäßigen Linien und über ein=
ander. Das 3. rennt immer vor mit betäubendem Feldgeſchrei,

alle drei Bataillone deployiert neben einander, wie auf dem Champ de Mars beim Exerzierreglement, in bewundernswerter Ordnung, den Adler hoch, die Fahnen entfaltet. Das „Vive l'Empereur" schwillt an, denn der Mensch hat das Bedürfnis, sich am Lärm zu berauschen mitten im Rausch heftiger Bewegung. Das Terrain fällt hier allmählich zur Sauer ab und der Anlauf zieht neue Kräfte nach Möglichkeit aus diesem neuen Anstoß. Und der Eifer verdoppelt sich, als die Vorderlinie der deutschen Schützenschwärme auf ihre Reserven weicht. Das Feuer wächst gegenseitig, die Pulver= linien nähern sich. Man kommt sich so nahe, daß man Uniformen und Figuren unterscheidet, das Heben und Senken der Gewehrläufe.

Das 3. läuft hauptsächlich den Angelpunkt der deutschen Linken am Galgenhübel an. Die andern Sturmkolonnen stoßen gerade auf die Front des V. Korps, die ziemlich in gleicher Win= dung parallel läuft. Man hört die wechselseitigen Kommandos, das Rasseln der anlegenden Gewehre. Ein leichter Schauder durch= rieselt das Rückenmark beim Gedanken des Kommenden, des Un= bekannten, was sich da vorbereitet. Die erwarteten Generalsalven krachen auf der ganzen Linie; es schmeckt fast wie Erleichterung für den aufrecht Fechtenden, unbekümmert um das was fiel.

„Marchez donc droit!" schreit ein Kompagnieführer. „Wenn Sie hätten, was ich habe, würden sie nicht so kreischen!" murmelt sein Korporal bitter. „Was hast du denn?" Der Mann fällt sterbend um, aber auf ihn sein Offizier. Entsetzliches Flankenfeuer vom Galgenhübel her, wo ein paar Kompagnieen stehenden Fußes den Anprall auffangen, desorganisiert das nächststürmende Bataillon. Wütend stürzen sich manche bis in die preußischen Bajonette, fallen wie Helden inmitten der feindlichen Reihen. Aber der deutsche Eichenmut widersteht mit dünnen gelichteten Linien den tiefen Massen, reihenweise stürzen niedergestreckte Franzosen in den Straßengraben und diese blutige Schranke hindert andere am Überschreiten.

Das kühne Nachstoßen der 47er gestattet den deutschen Bat= terieen, sich näher zu etablieren und ihr Schußziel zu regeln. Die Impetuosität des Gegners stumpfte an ihnen sich ab, der langsam, aber nachhaltig in unablässiger Anstrengung verdrängt wurde. In das furiose und hitzige Getümmel der erschüttert weichenden Brigade Maire dringen durchgehende Gespanne der Divisionsbatterien, die zu über=

eiltem Abzug in Galopp gezwungen, unbeschreibliche Verwirrung. Dieser Wirbel von Kanonen, Pulverkarren, Pferden reißt alles fort, was sich auf seinem Wege befindet. Dagegen richten Mitrailleusen weiter östlich an vorspringender Bergnase der Wörther Weinberge schwere Verwüstungen an, quer und längsseitig den Kamm be= streichend. Aber das unerschrockene 3. hat nun genug. Der Kampf setzt einen Augenblick aus, und als Rauch und Staub sich zer= streuen, sieht man Trümmer enteilen und die blutige Schaubühne so hartnäckiger Kämpfe wimmelt von zuckenden Leibern.

Mit der unbedingten unabänderlichen Unterwerfung des deutschen Soldaten vom höchsten bis zum niedersten Range dringen Posener und Schlesier neuerdings, obschon am Rande ihrer Kräfte, im Zentrum vor, sobald ihnen Vorwärtsbewegung befohlen. Der Gegner merkt's, wo im Pulverdampf wieder alles vor ängstlich spähenden Augen verschwimmt, nur am dumpfen und drohenden Geräusch des nahenden Sturmes, der aus der Tiefe zur obersten Terrasse der Fröschweiler Hochfläche hinaufdringt. Dort krönen noch einige Batterieen den Kamm. Aber ein Schwanken macht sich bei ihnen bemerkbar unter dem zermalmenden Kreuzfeuer der deutschen Feuerschlünde. Nach oben steigen die Dampfmassen empor, wo die deutschen Sturmharste Schritt für Schritt feuernd hinauf= klimmen. Alle Gegenstöße der französischen Waffengattungen, fast alle auf die kurze Dauer einer halben Stunde beschränkt, blieben nur von ephemerem Einfluß auf den unvermeidlichen Gang der Dinge. Sofort nahmen die deutschen Batterieen mit doppeltem Eifer ihre Arbeit wieder auf.

Wie eine eiserne Pflugschar wühlt die tief eindringende Offen= sive das feindliche Heer auf, daß es in einzelne Stücke und Fetzen sich zerschneidet. Verbraucht, verzehrt räumen die Divisionen Mac Mahons ruckweise das breite Perimeter ihrer Höhenstellung, auf dessen klaffende Blutlachen die rötlichen Tinten der scheidenden Sonne heute Abend keinen Siegesnimbus spreiten werden. Das riesige Karussel, dessen Theater die Fröschweiler Hochfläche, dreht sich weiter in sinn= verwirrender Hast, und wo der Schlachtorkan vorbeizog, da bleibt dies Plateau, Zeuge so wilder Kämpfe, stellenweise verlassen und leer — leer ohne die starren stummen Massen, die dort zu ewigem

Schlummer hingebettet. Weder gotteslästerliche Flüche sich zer=
fleischender Menschenbrüder, noch fürchterliches Hurrah bluttrunkener
Sieger weckt sie wieder auf.

Die Kampfwut wird Raserei. „Noch Einer, der sein Gretchen
nicht mehr umarmen wird!" brüllt ein Turkooffizier, den bis zum
Griff bluttriefenden Säbel schwingend. Wie persönlicher Haß von
Todfeinden.

Wo die Deutschen gutmütig und rücksichtsvoll Verwundeten
auf die Schulter klopfen, da benehmen sich manche Franzosen roh
und gemein beim Absuchen des Feldes, wenn einmal ein Vorstoß
sie vorübergehend vorwärts schnellte, und Verwundete beantworten
zähneknirschend die Fürsorge der Siegenden. Den Turkos müssen
anständige Offiziere die Gewehrläufe niederschlagen, wenn die Bestien
sich zu Kolbenstößen gegen verwundete Feinde anschicken.

Und dazwischen waltet eine Heldin ihres traurigen Amtes, die
barmherzige Schwester soeur Marie, eine würdige Enkelin der sanften
Jeanne d'Arc, die ohne Schwert nur mit ihrer weißen Fahne zuerst in
den Feind drang und nachher die Verwundeten pflegte. Edle soeur
Marie! Dir liegt nichts am Kreuz der Ehrenlegion, am Generals=
salut und Truppenpräsentieren vor deiner schlichten Bescheidenheit,
wie dir einst bevorsteht — du findest nichts Erhabenes darin, daß
du unkrepiert eingeschlagene Granaten in der Schürze forträgst,
um deine Ambulanz zu schirmen — nur göttliches Mitleid durch=
strömt deine Engelsseele. Das ist ein anderer Mut, als der
bestiale des Militarismus. Das ist der Mut, an den die Antiken
dachten, als sie in ihrer Sprache für „Tugend" und „Mut" nur
ein gleichlautendes Wort fanden. Jede Tugend ist Heldenmut, aber
nicht jeder „Mut" ist eine Tugend.

----

An deutscher Eichenzähigkeit zersplittern die Afrikanerkrallen.

Die Teile der Brigaden Lefebvre und L'Heriller, die dem An=
stoß der von Dumesnil empfohlenen Offensive gefolgt waren, wichen
nun gleichfalls bergan. Kühn war eine Mitrailleusenbatterie über
Sturzacker mit vorgefahren, als der pas de charge erscholl: sie fiel
beim Weichen von I 2. Zuaven beinahe in Feindeshand. Die Deutschen
fluteten nach, Gräben und Hecken überkletternd, doch das Nach=
stoßen endete so wenig erquicklich, daß es durch höheren Befehl

untersagt wurde. Auch ward Befehl vom Generalkommando ab=
gegeben, solche fruchtlosen Anfätze zu unterlassen, ehe nicht der Nie=
derwald in Händen der Hessen sei, von wo man ein böses Flanken=
feuer auf den Geländeabschnitt westlich der Wörther Chaussee ver=
senden konnte. Einige fast aufgeriebene Kompagnieen der Vorder=
linie wurden abgelöst oder zu ihrem Gros eingezogen. Die 17. Bri=
gade hatte bereits mit Teilen am Abschlagen des großen Offensiv=
stoßes teilgenommen, die 18. löste sich fast ganz in die 10. Division
auf. Die 7. Grenadiere, die Helden von Weißenburg, die sich für
etwas Besonderes hielten — „des Königs Grenadiere" — thaten
sich aber hier nicht im Geringsten hervor: hier fochten alle wie
Helden, hier waren alle des Königs Grenadiere!

Nach Mittag geschehen keine großen Dinge mehr auf dem nördlichen
Teil des Schlachtfeldes, wo so vielversprechend die Schlacht begann. Nach=
dem ihr wackeres Einsetzen nutzlos verpufft, war mit den Bayern nicht
mehr viel anzufangen. Unthätig und verdrossen mußten Hartmann und
seine Leute zusehen, wie man im Centrum im Avancieren blieb. Die
Masse der 4. Division drängte sich bei Alte Mühle im Langensulzbacher
Walde, ihre Knäuel entwirrend. Es währte nur bei Sägemühle noch
ein mäßiges Fernfeuer fort, um erst spät im Verglimmern plötzlich noch
einmal aufzuflackern, diesmal zu nachhaltiger Lohe. General v. Hart=
mann getraute sich schon lange nicht mehr, den Höhendamm von Langen=
sulzbach her zu forcieren und die fast entblößte Nehweilerstellung ernstlich
zu gefährden. Obschon der Alte in allerlei Bedenklichkeiten sich wiegte
und sich keine ordentliche Offensive mehr zutraute, speiste er doch
leidlich das Feuergefecht und antwortete dem Boten Kirchbachs unverzüg=
lich, daß er der Einladung folgen und nochmals anrücken werde, um den
Gegner auf sich zu lenken. — Wieviel Stunden hatte man nicht ver=
geudet! Statt der Einwirkung auf des Feindes rückwärtige Flanken, wie
Blumenthal sie gewünscht, schob sich alles zum Centrum heran, um die
Not Kirchbachs zu mildern. Es wurde 2 Uhr, als v. d. Tann auf dem
Plan erschien und endlich ein neues Anpacken Hartmanns sich vorbereitet.
Der alte Herr saß heut den ganzen Tag zu Pferde in weißhaariger Rüstig=
keit, nur ein Bissen Schwarzbrot labte ihn. — —

General Raoult befand sich in gedrückter Stimmung, wie die
Freudigkeit des Gloiredurstes jetzt überhaupt bedeutend nachließ. Die
Offiziere schimpften unter sich über die höhere Führung, die unbegreif=
liche. In Halbheit befangen, verwendete man ja bisher kaum die Hälfte

der Verfügbaren, setzte nirgends einheitlich ein, obschon man gerade hier das Äußerste hätte aufbieten sollen. Da war nichts mehr zu machen. An Wiederholung eines Massenangriffs dachte man vorerst nicht. Kommt Lespart? Bis dahin verzichtete man. Seine Verspätung ermöglichte den bisher von durchschlagendem Erfolg gekrönten Verlauf der Schlacht für die Deutschen.

Die ganze Strecke zwischen Galgenhügel und der Pappelallee an der Chaussee lag leer und verlassen, nur seine Gebliebenen hatte Dumesnil noch dort, als sprechendes Zeugnis der Niederlage. Nach 2 Uhr ruhte hier zeitweilig der Kampf. Nur eine reitende Batterie auf dem Galgenhügel, die sich so kühn vorgewagt, beteiligte sich geschäftig an der eintönig weiterrasenden Artillerieschlacht, ohne Pause, mit ungebrochener Wut. Die Kanonen Raoults können nicht mehr stehen, Deckung so schlecht wie Schußfeld. Infolgedessen traten so bald die furchtbaren Verluste ein. Die etwas überhöhenden deutschen Batterieen bewähren dauernd ihre bessere Treffsicherheit. Während dessen verblieben die Ducrot überwiesenen Bataillone und Batterieen in ihren alten Stellungen und die nach wie vor erübrigt unberührten Reserven füllten dicht die Dorfstraßen. Daß das V. Korps so Zeit gewann, in aller Ruhe neuen Ansturm vorzubereiten, kommt Mac Mahon nicht in den Sinn, der immer nur nach Lespart auslugt, der keine Depesche von unterwegs sandte, obschon ihm das strengstens befohlen. Es war gewiß von Bedeutung, daß nur spärliche Verdichtung den Vordertreffen zufloß, jede zusammenhängende allgemeine Offensive unterblieb. Statt daß Ducrot und Pellé, auch ein Teil Heriller immer noch Gewehr bei Fuß gen Nordosten standen, obschon dort gar nichts mehr für den Rücken zu befürchten war, hätte man immer noch ins V. Korps hineinstoßen können. Mac Mahon blieb immer noch im Bann seiner Anschauung, der Feind wolle ihn hauptsächlich von Bitsch ab- und sich zwischen Failly und Mac Mahon eindrängen. So maß er denn der Bose'schen Umgehung nicht volles Gewicht bei.

Bose selbst, der schneidig Stattliche, war auf dem Kampfplatz erschienen und kam mit leeren Händen nicht, brachte frische Streitkörper. Diese Zuzüge und die belebende Gegenwart des Kommandierenden, der in seiner verbindlichen Art Glückwunsch und Anerkennung nicht sparte, frischten die Pflichttreue der etwas herabgestimmten Elemente des XI. Korps wieder auf, einen letzten Schlag zu wagen. Ein neuer Schwung durchzuckt die Linie, obschon durch den Fall vieler Führer entmutigt. So mußte jetzt bald die Schlacht ihre höchste Krise erreichen, wenn gleichzeitig neues Eingreifen der Bayern am entgegengesetzten Flügel damit zusammenfiel, die jetzt auch dem bestimmten Befehl des Hauptquartiers entsprachen,

der direkt nach 1 Uhr von Sulz aus erging. Mit kühler Ruhe stand das
V. Korps im Centrum fest. In den ersten Stadien des Kampfes hatten
die Einwohner Wörths öfters bemerkt, daß Zuaven die vordersten Ge=
höfte und Umfassungsmauern erreichten und deshalb auf Entweichen der
Deutschen geschlossen. Blendwerk, frommer Wahn! müssen sie nur zu
bald erkennen, denn seit 2 Uhr läßt sich keine Rothose mehr unten blicken.
Alles ist nach aufwärts gewichen, den Abzug durch einzelne Vorstöße
deckend. Die reitende Batterie am Galgenhügel zwingt Zuaven=
kompagnieen, die wieder die Vorderlinie erreichen, sofort zum Halten.
Sie leistet später entscheidende Dienste, flankiert mit mörderischer Wirkung.
Alle Granaten, die sie verschoß, haben gehörig gesessen. Sie und andere
arbeiten heut auch mit Kartätschen gegen lästiges Andrängen, machen sich
zum Handgemenge parat.

Der sich immer fertig haltende Duldermut der französischen Artillerie
sah sich mehrfach derartig der Mittel beraubt, daß man nur noch über wenige
Schrapnells verfügte. Ihr Auftreten wurde ein unsicheres. Auch manche
Bataillone haben so viel Munition abgeschossen, daß sie ihre beste Courage
verpulverten. Noch wogt stehendes Gefecht hin und her, noch steht die
Schlacht, noch verfeuerte das tapfere, kleine Heer nicht seinen Schlachten=
mut. Doch manche Truppe, im Gefüge gelockert, schließt sich nur mühsam
den Gegenstößen an. Ach, in solch zerrüttendem Lärm, wo zum ersten=
mal die beiden Hinterlader sich im Kampf befinden, wovon man bisher
noch nie die Probe hatte, erliegen auch stählerne Nerven. In den Park
von Schloß Leussie, weit hinterm Brennpunkt der Schlacht, strömt schon
eine stetig wachsende Menge von flüchtigen Trains.

Hätte Mac Mahon schnelleren Überblick gewonnen, hätte er sich schon
vor 1 Uhr mit allen Reserven umklafternd auf Morsbrunn wenden sollen,
dann wäre die Umwindung der ehernen Boa Constrictor vermieden worden.
Die ersten Stöße gegen die Niederwaldstellung waren ja ohne Schwierig=
keit abgeschlagen, aber nun stellte man die Ausdauer der Verteidiger auf
eine härtere Probe! Noch hielt sich Elsaßhausen brav, doch wie lange
noch! Das Terrain ward immer eingeschränkter und müssen sich daher
beiderseits die Stürmenden unwillkürlich zusammenballen, schwerste Ver=
luste erzeugt werden.

Die Defensivkraft des Hinterladers that sich beiden Parteien unlieb=
sam kund. Sobald man sich gegenseitig nähert und zur Offensive aus=
holt, muß der Angreifer meist weichen und der Verteidiger treibt ihn vor
sich her. Aber so oft die Deutschen wankten, sie wichen nicht, während
die Franzosen nach gescheiterten Gegenstößen weiter zurückgingen.

„Die wollen sich 'n bisken töten lassen, eher werden sie nicht ruhig," begrüßen die 37er (Westfalen, denen jedoch wegen besonderer Umstände der eiligen Mobilisierung viele Berliner Ersatzmannschaften zugeteilt waren) gleichmütig jeden französischen Versuch, nach so trüben Erfahrungen wieder zu vereinzelten Anläufen vorzubrechen.

Schon ist auf jedem Teil des Schlachtfeldes zwischen Gunstedt und Sägemühle reichlich Blut geflossen. Vorübergehend tritt im Centrum eine Ruhepause der Erschöpfung ein. Die Offensivlust Raoults ging zur Neige: dazu reichten die Kräfte nicht aus. So aussichtslos erschien dies Unternehmen, daß man seine Ausführung im Großen aufgab. Mehrere Bataillone, die soeben beiderseits die Feuerlinie verstärkten, begnügen sich vorerst mit massenhaftem Fernfeuer. Das nimmt jedoch ihrer Leistung nichts von ihrem Werte, denn dies passive Ausharren erforderte größte Selbstbeherrschung. Da jeder Ausfall gegen Wörth oder Galgenhübel nur im stumpfen Winkel die Hauptfüsillade vom Fröschweiler Höhenkamm her maskierte, so blieben die zwei Treffen Raoults und ihre Verstärkungskörper auf beiden Flanken stets im Wesentlichen am selben Flecke stehen, ohne sich zu rühren. Das will viel sagen in solcher Kanonade. Denn die Deutschen brachten immer mehr Geschütze vor, um jede nochmalige Gegenoffensive niederzudonnern. Umsonst waren noch Pellés Divisionsbatterieen vorgeführt. Auch bayerische Batterieen fuhren plötzlich in die große deutsche Geschützmasse am östlichen Sauerufer ein: das I. Korps v. d. Tann meldete sich auf dem Schlachtfeld. Auf 2—3000 Schritt faßte man schon die Stellung Elsaßhausen-Fröschweiler empfindlich in die Flanke. Die deutsche Kanonade wirkte überwältigend, sie schleudert ihre Geschosse bis in schützende Mulden im Rücken der französischen Hauptstellung. Die französische Artillerie besitzt nicht mehr volle Kraft, noch bewahrt sie die frühere heroische Haltung, die sich eher entzwei schießen lassen wollte, als ihr Feuer gegen die debouchierenden Kolonnen einstellen. Vor 2 Uhr beginnt sie mehrfach abzufahren, bekennt sich überwunden.

Noch war man freilich westlich im Niederwald keinen Schritt weitergekommen, hatte nichts mehr erreicht, als in der ersten halben Stunde. Die Waldung teilte sich gleichsam, wie einst Dorf Aspern und Eßling, in eine deutsche und französische Hälfte. Östlich bei den Bayern scheint man in schwächlichem Energiemangel zu wetteifern: doch lediglich Folge der widerspruchsvollen Befehle. Das Blachfeld bei Nehweiler ist jetzt völlig frei, so daß Ducrot von dort Brigade Houlbec östlich in die Front und Brigade Wolff südlich als Reserve zu Lartigue hinübersenden kann.

Westlich von Sägemühle wälzt sich jetzt freilich wieder eine Angriffslinie über die Sauer: Görlitzer Jäger, Teile der Spitze v. d. Tanns, Teile der

von früherher eingenisteten Jägerbataillone Hartmanns. Doch diesmal
kostet es Ducrot so billige Mühe, den Versuch abzulehnen, daß er sofort
sein Chasseurbataillon und sein 18. de ligne dem linken Flügel Raoults
zur Verfügung stellen kann. Er läßt auch das 78. rasch wieder in erster
Linie aufmarschieren und übernimmt das Kommando am ganzen linken
Flügel, inclusive Brigade L'Heriller. So schickt er sich an, der bayerischen
Division Stephan und der Posener Brigade — Regimenter Nr. 58 und
59 — entgegenzutreten, welche deutscherseits jetzt den Frontalstoß auf
der nordöstlichen Centrumseite durchführen sollen.

Solche Höhen zu ersteigen, wird nur ausnahmsweise zur Ver-
mengung mit dem Gegner führen, um auch dann noch mit halber
Vernichtung erkauft zu werden. Sobald aber einmal das Unmögliche gelang und man die Afrikaner aus Hopfenplantagen und
Weinbergen nach oben trieb, konnten die Anstürme der Franzosen
trotz ihrer Wucht von oben her schwerlich anders endigen, als mit
Zurückgehen hintern Höhenrand unter Verfolgungsfeuer. 300 m
über freie Feldfläche durchqueren, zumal Bewegungsfreiheit durch
Wegnahme des Niederwalds nach Westen hin unterbunden!

Nochmals aber, während die letzten Bewegungen der Deutschen
an der Sauer bei Übergang und Truppenverschiebung vor sich gingen,
nahmen Stürme in grader Richtung auf den Fluß und Alte Mühle
ihren Fortgang, hinterm Höhenrücken von Fröschweiler hervor über
diesen weg. Der grimme Chauvinist und Deutschenfresser, der
wahre Typus des tapferen emotionellen, zu jeder edeln Aufwallung
fähigen, aber eiteln und unbesonnenen Galliers, giebt hier den
Deutschen nochmals seine Visitenkarte ab — sie werden den Namen
nicht vergessen bis zum Ende des Krieges, in blutroten Lettern
prangt er in der Geschichte: Ducrot.

Dagegen blieb nordwestlich von Wörth die Ansetzung neuer
Offensive, die man zu bemerken glaubte, vorläufig aus und allgemeine
rückgängige Bewegung konnte dort wahrgenommen werden. Allein
vergeblich suchte man deutscherseits jetzt schon die oberste Terrasse
unterm Höhenrand zu überschreiten; der kahle Bergstrich blieb leer,
von zu starkem Chassepot- und Mitrailleusenfeuer bestrichen, indes die
Franzosen gedeckt im Grunde lagen. Die französischen Divisions-
artillerieen, fast bis zur Reige ausgepumpt, sahen sich wiederholt zu
Positionswechsel gezwungen, weil ihre Infanterie hinter und zwischen

Elfaßhausen allmählich zurückgestoßen wurde. Gegen die deutsche
Riesenbatterie auf den Uferhöhen, wo im Augenblick höchster Ent-
faltung 180 Geschütze nebeneinander zum Schuß kamen, läßt sich
nichts ausrichten. Mit Bravour ward zwar nochmals zwischen
Albrechtshäuserhof und nordwärts Morsbronn gerungen: es sind
die 3. Turkos, die hier alle Kräfte anspannen. Doch sie scheitern
an der mannhaften Haltung der Hessen und Thüringer, deren
Zähigkeit nicht das dichteste Feuer zu schmälern vermag, obschon
selbst in bedenkliche Auflösung verfallend. — —

Ein Stäbler bringt den 3. Zuaven die Ordre zum retour
offensif. „Haben Sie eine geschriebene Ordre?“ „Nein.“ „Nun
gut, ich könnte der rückgängigen Bewegung folgen, doch ich gehorche.“
Die 1. Chasseurs und 3. Turkos thun auch das Ihrige, doch letztere
— mehr nach rechts — leiden minder. „Meine Herren,“ sagt
Oberst Bocher mit vibrierender Stimme zu seinen Offizieren, „man
thut uns die große Ehre an, uns zur Deckung der Armee zu wählen.
Wir sehen uns schwerlich wieder, ich sage Ihnen Adieu!“ Schweigend grüßen die Offiziere mit dem Degen. Und zu den Zuaven
wendet sich ihre Anrede: „Wohlan, meine Kinder, wir müssen heut
alle für Frankreich sterben!“ Und Sterbende röcheln noch mit
blutigem Schaume: „Vive la France!“ Der große Gegenstoß wird
eingeleitet, nach Disposition des Obersten: „Wir werden staffelweise
angreifen auf unserer Linken. Nachdem alles vor uns nieder-
geworfen, schwenken wir rechts und fassen die feindliche Linie in
der Flanke.“ Und mit energischem, sonorem Tonfall wird überall
den Zuaven das Kommando zugeschleudert: „Allez! En avant!“

Wie ein Orkan fallen sie auf die Deutschen, durchbrechen stellenweise ihre Linie. Albrechtshäuserhof wird wieder zurückerobert, das
rollende Feuer der Franzosen überschüttet siegreich das Gelände,
den Augenblick benutzend, wo Michel's Küraffiere das feindliche
Feuer auf sich ziehen. Aber sie erscheinen nicht wieder, vernichtet,
und die Preußen sind aufs neue wieder da, gehen zu allgemeinem,
umfassenden Angriff über. — —

Sie stürmen durch die Pulverwolken, die von Minute zu Minute sich gegen sie blitzend entladen, so daß mit jedem Schritt eine
large Schleppe von liegengebliebenen Gefallenen sich hinter ihnen
entlangschleift. Durch den breiten Rauchschleier, der hier und da

zerreißt, sieht man sie immerfort in den Feind stürmen. Man unterscheidet nichts als ein ungeheures Getümmel, aber in dem wilden Tumult steckt disziplinierte Ordnung. Das sind I und F 58, unterstützt vom unermüdlichen F 46. Nachdem der nördlich der Wörther Westterrasse anstoßende Höhenrand nach Niederlage der Brigade Maire erstiegen, wird jetzt auch der östliche Höhenrand gegenüber Fröschweiler Wald mit Sturm genommen. Die letzten Reserven Dumesnil's werden vorgeholt: II III 21. Wieder springen die Geschlagenen an. Die Deutschen, ruhig, unbeweglich, stumm, den Kolben an die Backe gelegt, nehmen sicher den Feind aufs Korn.

Sie stehen fest wie Citadellen des Todes. Und diese stolzen „Afrikaner", die bisher nichts kannten als Sieg, brechen zwar todesverachtend ein, aber sie kehren zurück blutend, wankend, gebrochen. An Zahl verringert, scheint sich ihr Mut zu vergrößern. Mit der heftigsten Wildheit setzen sie immer wieder an, das mörderischeste Schnellfeuer vermag ihren Elan nicht zu meistern. Pêle-mêle tobt das Waldgefecht weiter. Alle taktischen Einheiten hören auf bei Deutschen wie Franzosen, alle Verbände mischen sich. Fortgerissen von ihren Offizieren, lassen die Heerteile Ducrots weiter nördlich die Bayern teuer ihren Erfolg bezahlen. „Allons donc, courage! En avant, en avant!" dröhnt es leidenschaftlich durch die Luft. Brigade Lefebvre — 2. Turkos 48. Linie — geht in diesem Kampf nahezu unter. Auch die 8. Chasseurs halten edel Stand, in zwei Hälften auseinandergerissen, von denen ein Teil mit II III 2. Z. gewichen war, ein anderer beim 36. de ligne neben Ducrot festhielt.

Einige Batterieen haben kaum Bediener mehr, fast alle liegen tot und verwundet um die Stücke herum. Brave Batteriechefs, die bis zum letzten Augenblick gerungen, auf Rettung hoffend, die nie mehr kommt, kreuzen stumm die Arme auf der Brust, flammenden Auges und Wut im Herzen. Ihre Geschütze, deren Speichen gebrochen, können sie nicht mehr retten, nur mit ihnen fallen.

Das ganze Gelände scheint von eisernen Wellen überschwemmt. Wo Adjutanten mit entblößtem Haupt und nacktem Degen noch heil durch diese Brandung hindurchschwimmen, um Befehle zu Gegenstößen zu übermitteln, zeigt ihnen General L'Heriller den Punkt, im Galopp mit ihnen vorsprengend, wo jeder Angriff unweigerlich an unübersteiglicher Feuerschranke enden müßte. Aber er wechselt den Standort

nach links zu: „Wenn's auch keinen Erfolg mehr giebt, so giebt's doch
noch Waffenehre!" Die Uniform zerrissen, bedeckt mit Blut, Schweiß,
Ruß, wirft er einen stolzen Kriegerblick auf die Lawine von Menschen
und Waffen, die sich über die Sauer heranwälzt, dann auf die Seinen:
„En avant, mes enfants! A la bayonnette!" Und sie stürzen vor,
Raserei der Verzweiflung ersetzt die Begeisterung des Sieges. Aber
die so grimmig angefallenen Deutschen rühren sich nicht vom Fleck,
wanken und weichen nicht. Sie starren wie Türme, aber solche, die
ihre Breschen selbst ersetzen und füllen! Umsonst umkreist man diese
eiskalt unerschütterliche Heldenruhe mit fanatischer Furia Francese ..
    Im Niederwald ging der Kampf schon längst zu Ende. Die
3. Turkos wichen. Ihre Fahne wird erobert. Die tapfern 1. Chasseurs opferten sich Mann für Mann, sie existierten nicht mehr.
Die 3. Zaven allein setzten das Gemetzel fort. „Wir müssen uns
mit blanker Waffe Luft machen!" Kapitän Parson ist getötet, die
Lieutenants Perosel, Gaillard de la Roche, Brugerolles desgleichen,
mit ihnen die tapfersten Leute. Ein Unterlieutenant Berthemet erhält allein acht Kugeln! So furchtbar wirkt das Kreuzfeuer der
Preußen, die von allen Seiten den Wald umwickeln. „Nur Bajon-
ne!" Kapitän Henry stürzt sich wiederholt mit Gesammelten dem
Verfolger entgegen, er findet edlen Tod. Kommandant Charmes,
Lieutenants Lafon, Perret, Gasc, Bataillonsadjutant Rivière werden
getroffen. Aus diesem heroischen Ringen kann man nur noch die
Trümmer retten. „Kapitän St. Marc, suchen Sie einen Hornisten,
um Retraite zu blasen!" besiehlt der Oberst. „Sammeln oberhalb
Eberbach." Umsonst, das Horn wird nicht gehört, wütend ficht
man weiter in verzweifelten Versuchen, den Eisenzirkel zu durch-
stoßen. Einige Abteilungen brechen sich Bahn. Jede Leitung des
Gefechts war schon lange unmöglich, jeder Offizier folgt eigener
Eingebung und der Notwendigkeit des Augenblicks. Bald klammert
man sich an den Boden zur Verteidigung, bald stürzen sich Gruppen
blindlings auf den Feind. Auch die Kapitäne Javal und Forel
fallen jetzt in den Tod, drei Lieutenants. . Zwei Unterlieutenants,
Adjutant St. Hillerin, 11 Sergeanten werden verwundet fortgetragen;
eine große Menge von Unteroffizieren und Gemeinen, deren Dienst-
etat vom Ruhme des Palestro-Regiments zeugte, gingen hier zu
Grunde. „Legt mich zur Erde und kümmert euch nur um die

Fahne!" seufzt der sterbende Kapitän St. Sauveur, den endlich die Schicksalskugel traf und den man forttragen will. Wieviel Opfermut begräbt sich hier im Schatten des Waldes!

Auch vom II. bayer. Korps waren endlich wieder Streitkräfte flüssig gemacht: Rgt. Nr. 5, Jäger Nr. 8 und 10 sammeln sich an der Sägemühle. Die hierher von der 17. Brigade verwürfelten Görlitzer Jäger machten sich vorteilhaft bemerkbar, während auf den Bayern heut ein gewisser Kleinmut zu lasten schien. Nicht nur verhielt sich die 4. Division bei Langensulzbach völlig thatlos, sondern auch der vom I. Korps angelangten 1. Division Stephan gelang es nicht, einen energischen Angriff in Masse zu formieren. Ihre 2. Brigade ging vor, aber wurde von Ducrot so übel empfangen, daß sie das Wiederkommen vergaß. Von dieser Seite kam die Entscheidung nicht, das merkte jeder, sie konnte nur durch die siegende Linke im Westen bei Elsaßhausen fallen.

Von dort auf dem engen Raume zwischen Dorf und Niederwald hatte sich anfangs ein so fürchterliches Feuer entladen, daß das brave 83. Regiment, das hier zuletzt den Ausschlag gegeben hatte, gen Albrechtshäuserhof zurückgeführt wurde. Dieser Rückgang ward aber nur vorübergehend notwendig, und als nun hierher beorderte Teile der Brigade Wolff Ducrots zur Deckung des Lartigue'schen Abzugs vorbrachen, sahen sie sich mit blutigen Köpfen heimgeschickt. Aus der gelichteten 21. Division wurden die noch wenig leidenden 94er an den rechten Flügel des Korps herangezogen, während vor der 43. Brigade die 3. Turkos und 56. de ligne noch immer fechtend hinter Eberbach zurückgingen, ziemlich unbehelligt, weil man allseitig nur die Richtung auf Elsaßhausen verfolgte. Daß es besonders verdienstlich gewesen sei, was die Artillerie XI. Korps bisher vollbrachte, kann man nicht sagen. Jetzt aber trabten mehrere ihrer Batterieen unmittelbar über die Sauer nach dem Brennpunkt der Schlacht und trafen gegenüber Elsaßhausen ein. Ihre Zahl stieg nach und nach, und indes der Kampf stärker gen Osten entbrannte, schwenkte ein Teil mehr nördlich ab, um schon die Rückzugsstraße des erschütterten Gegners zu beschießen. Rücksichtslos warfen sie ihre Granaten dorthin ab, bewarfen auch Fröschweiler und das anstoßende Gelände. — Es ist 3 Uhr, als die Posensche Brigade mit Hurrah in die ermattende Schlachtlinie eindoubliert, es ist 3½ Uhr, als die so hart bedrängten Bayern Stephans Erlösung finden und besonders ihr Leibregiment nochmals mit Wut die Scharte auszuwetzen sucht. Die bayrischen Hellblauen und Raupenhelme hängen sich den tiefen dunkelblauen Massen und Pickelhauben an, die gegen die noch trotzende letzte Höhenstellung heranziehen.

Mac Mahons Lage war schon in hohem Grade gefährdet, um nicht zu sagen verzweifelt. Noch kam zwar keine Panik bei seinen tapfern Regimentern vor, nicht mal ein Keim dazu zeigte sich. Ihre Artillerie arbeitete mit übermenschlicher Anstrengung, obschon schrecklich zusammengeschossen, schien aber keinerlei Rücksicht auf ihre Landsleute zu nehmen, ja diese förmlich zu mißachten. Denn auf das ganze Gebiet vor Fröschweiler schüttete sie ihre Feuergarben, ohne zu bedenken, daß die Linke unter Ducrot noch weiter vorn in Kämpfe verbissen.

Die deutsche Kanonade gewann ungewöhnliche Genauigkeit. Ein nie vorher gehörter, bisher nie gekannter Wirbelsturm moderner vervollkommneter Sprenggeschosse rasselt umher, wie die gezogenen Geschütze Mac Mahons bei Solferino und die österreichischen bei Sadowa ihn noch nicht zu entfesseln vermochten. Jetzt wendet sich auch das Blatt bei den Verlusten. Erschreckend häufen sich die in Masse stürzenden Toten und Blessierten des durch doppelseitige Umgehung eng verstrickten und eingepferchten Verteidigers. Isolierte Kampfgruppen fechten noch für sich, kaum daß sie in ihrer Erbitterung die rückgängige Bewegung bemerken, sie werden im wechselreichen Gemenge hierhin und dorthin verschlagen, umwickelt, erhalten schon Rückenfeuer, und strecken endlich ihre Waffen. Die letzten halbfertigen Schützengräben am Höhenrand, mit erdegefüllten Cigarrenkisten ausgepolstert, werden erstiegen, den Turkos entrissen. Die stockwerkartig übereinander angelegten Feuerterrassen, die ehedem dem Stürmer so herben Verlust verursachen, schreckten jetzt nicht mehr, das Schlimmste ist überwunden und die Einnahme Fröschweilers wohl nur eine Frage der Zeit. — —

Im eigentlichen Centrum stockte der Kampf. Das „kleine Wäldchen" südlich Elsaßhausen füllte sich mit Trümmern der vom V. Korps abgeschlagenen Kräfte. Auch beim XI. Korps waren die Einbußen nicht gering gewesen. Dagegen haben die 3. Turkos fast 900 Köpfe, die 3. Zuaven 1360 Mann geopfert, eine Abteilung von 200 Zuaven entkommt seitwärts nach Straßburg.

Ebenso wie am Südwestflügel forderte am Nordostflügel die Schlacht noch blutige Anstrengungen. Die beiden kaum angelangten Bataillone 58er — eins blieb als Geschützbedeckung zurück — büßten über 400 Mann ein. Es war Zeit, daß endlich auch die 59er nachrückten. Nach 2½ Uhr stand auch die 1. Bayerische Brigade I. Korps hier im Feuer, so daß jetzt 18 bayerische Bataillone an dieser Stelle vereint, und ein vierter deutscher Angriff im Nordosten bereitete sich vor, als eine Reihe von Gegenstößen zuvorkamen.

Noch hatte Ducrot sich I III 18. am Munde abgespart. Diese nahm er jetzt vor, verbunden mit den 13. Chasseurs, verbunden mit den Resten von Lefebvre und II 78. „Allons donc, courage!" Allenthalben tauchen wieder Schützen in den Weinbergen auf, mit Gewalt von braven Offizieren vorwärts getrieben, Sturmsäulen ließen sich wieder blicken, die Entscheidung schwankt aufs neue. Mit wahrem Heldenmut werfen diese schwachen, meist schon so schwer= geprüften Kräfte, auf sich allein angewiesen, die Übermacht über den Haufen, bis nach Sägemühle zurück. Während dessen hielt I 45. an Stelle der abgerückten 1. Zuaven nach wie vor das II. bayerische Korps bei Langenfulzbach allein im Schach, während alle andern fünf Bataillone der Brigade Houlbec an die Reichs= hofener Chaussee bei Fröschweiler eingeschoben wurden.

Doch der schöne Erfolg Ducrots kam zu spät, um wirklich zu entlasten. Das entsetzliche Geschützfeuer brach frontal jede Gegen= wehr und um 3¼ Uhr begann neuerdings umfassendes allseitiges Vorrücken gegen die Fröschweiler Höhen. Ducrot mußte, weil in der Flanke bedroht, seine Vorteile aufgeben. Die 58er, 59er, Görlitzer Jäger machten sich zu erneutem Anlauf gegen die Nord= ostseite des Höhenrandes fertig, und die hierdurch entlasteten Bayern rückten gegen den Abhang auf, der nach der Nehweiler Ebene ab= fällt. Sobald genauer Anschluß ans V. Korps festgestellt, strebten alle bayerischen Kräfte vom I. und II. Korps gen Fröschweiler Wald an. Den Ostsaum besetzend, ging man anfangs in stehendes Feuer= gefecht über, doch ward Ducrot allmählich westwärts zurückgedrängt.

Schon nach 2½ Uhr hatte ein Vorstoß der Brigade Heriller böse geendet. I II 36, noch frisch, fühlte der General im Sturm= schritt aus dem Fröschweiler Wald vor. Sie standen bisher hinter anderen noch schlagfähigen Truppen, die auf der Hochfläche zwischen Elsaßhausen und Fröschweiler eine notdürftige neue Schlacht= linie zurechtflickten. III 36., das mit Teilen der 2. Zuaven ver= mischt, brach südwestlich davon mit vor, indes auch die getrennten Kompagnieen 8. Chasseurs auf allen Punkten mit anliefen. Ebenso II III 21., die bisher nur zuletzt am Kampfe teilnahmen, den das Vorgehen der 58er am östlichen Höhenrand auf der ganzen Zen= trumlinie entfesselt hatte. Eine allgemeine Offensive deutscherseits antwortete. Die 36er avancierten zwar mit Bravour: das stolze

Linienregiment will hinter Zuaven und Turkos nicht zurückstehen. Besonders das III. Bat. schlug sich heroisch mit dem Bajonett.

Umsonst! Den Deutschen, siegeserhitzt und jetzt in weit überlegener Zahl, vermag Niemand standzuhalten. Der tapfere Heriller, mit seinen Adjutanten an der Spitze, alle stürzen verwundet. Das 21. de ligne, das heute durch äußerst mäßigen Verlust von allen Schwesterregimentern der Division Dumesnil unrühmlich abstach, ergriff zwar nicht das Hasenpanier, entzog sich aber schleunigst der deutschen Umgehung. Das 36. wankte zurück. Auch dieser dritte Gegenstoß Raoults gehörte zu den erbittertsten am ganzen Tage, doch sollte noch Schwereres bevorstehen. Die deutschen 46er thaten sich hier wieder hervor und eroberten 4 Geschütze, die Heriller zur Unterstützung erhalten hatte, die sich jedoch sofort außer stande zeigten, auch nur minutenlang das überwältigende deutsche Geschützfeuer zu ertragen. Ihre Flucht, bald von deutschen Schützen eingeholt, entführte auch den besten Mut der französischen Stürmer und später erging es ähnlich der Besatzung der Vordergehölze von Fröschweiler. In gerader Richtung dröhnten hundert deutsche Kanonen, auf der Flanke von achzig des XI. Korps unterstützt, gegen das unglückliche geschlagene Heer, das sich um Fröschweiler zusammenquetschte. Ununterbrochen ward das Plateau unter Feuer genommen, wie aus Einschließungsabschnitten von Belagerungstranscheen um eine Festung. Wo wäre eine Pause, eine freie Lücke für das Gehör im ganzen Umkreis der Walstatt? Die Hagenauer und Reichshofener Straße fegten über Quer die Granaten und erschwerten den Verkehr zwischen den Zentralpunkten der französischen Stellung. Vor diesen Zentnern Eisen und vielzölligen Eisensplittern verschwanden die Reserven vom Erdboden. Über die Köpfe der deutschen Stürmer weg richteten sich die Kernschüsse nicht mehr gegen die Ruck für Ruck eroberten Terrassen, kaum noch gegen den obersten Höhenrand, sondern drüber fort in die Ferne.

Auch die Bayern, die als zweite Staffel am Fuß der Höhen verblieben waren, veränderten jetzt die Schlachtordnung nach Nordosten. Wird es auch dort gelingen, zu umfassen und in den Rücken zu fallen? Die noch standhaltenden Batterieen Ducrots mußten aufprotzen und ihre Geschützstände verlassen. Doch suchten sie nicht das Weite, sondern besetzten eine neue überhöhende Ge-

ländegruppe gefechtsmäßig. Sobald das V. Korps sich des Höhen-
randes bemächtigt, schob es sich schräg nach links, um rechts den
Bayern Raum zur Entwickelung zu gönnen. Doch besteht die
Absicht, erst die eigene Artilleriewirkung abzuwarten.

Der „kleines Wäldchen" getauften Gebüschparzelle gegenüber
stak jetzt alles voll deutscher Schützen. Die früher nach Morsbrunn vorgeschobenen Mitrailleusen Lartigues waren von dem
deutschen Siegeslauf in den Eberbachgrund zurückgescheucht, die
andern Batterieen Lartigues haben sich mit knapper Not ins Fröschweiler Thal in Sicherheit gebracht. Und jetzt kam auch Getümmel
östlich von Elsaßhausen — man brauchte nichts zu berichten, sah
man's doch deutlich vom Standort des Marschalls: auch Divisions-
artillerie Dumesnil muß soeben abfahren. Der Marschall ordnet
an, daß die noch standhaltenden Batterieen neuen Zufluß erhalten.
Oberst Grouvel führt die aufgesparte Artilleriereserve näher heran,
augenblicklich bereit, das Schlachtfeld zu betreten, wohin man ihn
entsenden mag. Verstärkungskolonnen keuchen im Geschwindschritt
nach Elsaßhausen, wo General Wolff schon in Aktion tritt und
in Unordnung geratene Sturmhaufen wiederherstellt.

Werden die Kräfte noch genügen, den übermächtigen, aber selbst
moralisch erschütterten Feind am Niederwald zu werfen? In der
Front gegen Wörth erweist sich der Höhenrand für französische
Geschütze unhaltbar. Mühsam hielt man den Zwischenraum in der
Luftlinie zwischen Elsaßhausen und Fröschweiler, den Durchgang
zwischen beiden Teilen des Plateaus.

Raoult ordnet seine mürben Brigaden jetzt dort am höher
gelegenen Umkreis Fröschweilers, von wo er ursprünglich aus-
rückte und ins Gefecht ging. Seit Mittag war er im schärfsten
Feuer herumgeritten oder hielt an gefährdeten Punkten an, unzu-
frieden vor sich hinbrummend. Er hatte schon mittags sein Sehnen
verraten, daß er sofort mit allgemeinem Bajonettangriff Alles über
den Haufen werfen möchte. Er kennt das vom Krimkrieg her:
stehen die Deutschen etwa besser als die Russen? Jetzt freilich,
nach solchen Proben, ist er geneigt, diese Frage zu bejahen. Daß
Mac Mahon untersagte, zum Hauptangriff zu schreiten, solange
Lesparts Mitwirkung versagt, kostet ihm die Schlacht.

„Die Fahne! Achtet auf die Fahne!" tönt der mahnende Zu=
ruf der Offiziere.

Ja, die Fahne — sie ist in Wahrheit das Symbol des Vater=
landes, das Bild für alles, was man bewundert und ehrt, denn sie
ist das Gleichniß der Selbstentäußerung. Und zu Allen spricht sie
eine Sprache, zu Großen und Kleinen. Man folgt ihr, wenn sie
vorwärts schreitet, man erhebt sie, wenn sie sinkt, um sie weiter
vorwärts zu tragen. Das ist so leicht verständlich. Diese Fahne
kann in Feindeshände fallen, doch das befleckt nicht den Glanz
ihres alten Ruhmes. An sie knüpfen sich unsere Triumpfe und
ach! unsere Niederlagen. Sie flattert noch über unseren Ruinen
wie eine Verheißung, an ihr richten sich die Herzen auf und ihr
Schatten bezeichnet den Weg der Pflicht für die Enkel, wie einst
für die Ahnen, die unter ihren Falten wie unter einem Bahrtuch
der Unsterblichkeit sich zur ewigen Ruhe streckten. So unserem
Schicksal verknüpft erscheint uns dies große Gleichnis des Vater=
landes, wahres Sinnbild seiner unvergänglichen Größe, so bren=
nende Erinnerung und berauschende Hoffnung trägt's im Rauschen
seiner Seide, daß es Heldenmut durch alle Reihen haucht, die sich
unablässig erneuert um dies Palladium drängen.

Division Raoult kämpft noch bis zur äußersten Möglichkeit
fort, indes Division Dumesnil ihre Kraft gebrochen fühlt und
Ducrot links Teile zu einem Vorstoß sammelt.

Ein Zuaven=Sergeant haut mit dem Seitengewehr Gras und
Klee ab, stopft es in seine klaffende Wunde, um den Bluterguß zu
stillen, und ficht weiter. „Die Ehre ruft," erwidert ein blutender
Chasseur=Offizier, den man zur Ambulanz leiten will, „und ich habe
noch Kraft genug, um den Feind zu schlagen." Aber die 2. Zuaven
verbluten sich, die 8. Chasseurs ebenso. Mit verzweifelter Wut
setzen die Trümmer der 2. Turkos die Verteidigung der obersten
Terrasse fort, indes das 48. weicht: „Ihr müßt euch eher begraben
lassen, als einen Fuß breit weichen." — —

Zur Rechten ist alles aus. Nur die 3. Turkos sind noch
widerstandsfähig, Division Lartigue als solche existiert nicht mehr.
Das 56. muß aus der Schlachtlinie weichen. Sein Oberst Mena
fiel, mit fünf Wunden bedeckt, sein Oberstlieutenant Souville, zwei
Bataillonschefs und 21 andere Offiziere! Als die 3. Zuaven bei

Niederbronn ihren Schaden besehen, da sind 43 von 57 Offizieren, mehr als zwei Drittel der Mannschaft aus den Listen gestrichen.

„Ich bin glücklich, mein König siegt!" verröchelt ein biederer Schlesier. Auch das V. Korps blutet aus tausend Wunden, die 10. Division hat fast keine Offiziere mehr, die 6er verloren ein Drittel der Mannschaft. Aber die Niederlage des stolzen Feindes ist nicht mehr zu verkennen. Drei der fünf Divisionen Mac Mahons sind schon zu Grunde gerichtet. Zitternd vor Ungeduld und Zorn sehen die Reserven dem ungleichen Ringen zu, dessen Ausgang für niemand mehr zweifelhaft. „Sie sind zu viele!" murren die unglücklichen Soldaten. Ihre verbogenen Bajonette, ihr schweißtriefendes Gesicht, ihre leeren Patrontaschen, ihre pulverschwarzen Fäuste bezeugen beredt genug ihre kraftvolle Verteidigung. Viele Geschütze müssen sich, weil demontiert, im Galopp entfernen.

Unterm Nußbaum zwischen Elsaßhausen und Fröschweiler hält immer noch der einsame Reiter in goldgestickter Marschallsuniform. Seine Adjutanten hat er nach allen Richtungen entsendet. Kann man sie noch aufhalten, diese preußische Offensive, die umfassend heranklaftert und in feuriger Umarmung dem Überwundenen den Atem zuschnürt? Wie die fabelhafte Krake des Meeres mit hundert Polypenfängen ein Schiff in die Tiefe zieht, so greifen hier eiserne Klammern immer schneidender in einander, ins knirschende Fleisch des Heereskörpers, daß sein ganzes Gefüge auseinanderkracht und er Ruck für Ruck versinkt, immer zermalmender verstrickt in unabwendbaren Untergang. Innerlich fiebernd, sucht Mac Mahon mit äußerster Selbstbeherrschung noch Ruhe zu bewahren. Seine letzten Befehle, die sein Stabschef General Colson persönlich an Ducrot überbrachte, wird man sie ausführen? Und wo bleibt Failly? Er muß ja kommen. Man gab doch strikten Befehl .. höchstens fünf Stunden Marsch, selbst wenn er erst um 8 Uhr aufbrach, und jetzt schon 3 Uhr! Die Gedanken jagen sich .. „Ah, da kommt er!" atmet er auf. Wirklich, in dichter Masse strebt ein frisches Regiment heran, durch Stabschef Colson persönlich herangeholt.

Westlich Fröschweiler zieht es heran, durch eine Niederung vom Feuer gedeckt: das 96. von Ducrot in fester Haltung. In Zug=, dann Doppelkolonne linksschwenkend, vorbei am brennenden Elsaßhausen, tritt die Schar zum Sturm an. General Colson sprengt vorüber.

„Der Marschall zählt auf euch,“ ruft er mit weithallender Stimme, den erhobenen Arm zum Standort Mac Mahons hingestreckt, dann die Richtung des Angriffs nach vorne deutend. Regimentskom=mandeur Oberst de Francheffin grüßt zum Feldherrn hinauf in die Ferne. Er nickt und ein finsteres Lächeln verschönt seine Züge: „Zählt auf uns bis zum Tod!“ Eine Ahnung schleicht über ihn hin, kriecht an ihm empor . . was da, vorwärts! Zwei reitende Batterieen fahren westlich Elsaßhausen auf, es ist Bonnemains, der sich hier meldet. Ob seine Geschwader heute noch dran müssen?

Alle im „kleinen Wäldchen“ aufgespeicherten Truppenreste gliedern sich I II 96. an und in kühnem Vorbrechen wird das ganze Vordertreffen des X. Korps in den Niederwald geworfen. Das zweite Treffen widersteht jedoch, intakte Teile der 94er und 83er packen zu . . .

„Es geht gut . . brav! Die ganze preußische Linie weicht . . ja, bis in den Wald zurück . .“ Der Stab hat sich wieder am Marschallstandort versammelt. „Was haben Sie zu melden?“ „General Ducrot hat die Bayern gänzlich geworfen.“ „Brigade L'Heriller geht zum Gegenstoß vor.“ — „Dann könnte noch alles gut werden, wenn nur — und Division Lespart?“ Colson schüttelt traurig den Kopf: „Nichts zu sehen.“ „Unbegreiflich!“ „Ist er auf dem Marsche angegriffen? Und keine Depeschen? Befahl ich nicht, zu telegraphieren?“ Mac Mahon späht durch sein Glas. Die zwei reitenden Batterien der Kavalleriedivision Bonnemains sind energisch vorgetrabt und bestreichen die Abhänge nach Süd=westen. Man beobachtet das Infanteriegefecht, da flutet's zurück. I 96 wird geworfen, III westlich Elsaßhausen von der siebenten und zwölften Kompagnie 94er zusammengeschossen. Frische deutsche Hintertreffen schoben sich nach . . Die Tambours schlagen, das Schnellfeuer rollt, vereinte Massen drücken vor . . auch das II. Ba=taillon weicht jetzt . . „Das 96. bricht zusammen!“ Und Oberst de Francheffin dazu, lautlos stürzt er nieder, tot. Näher rückt der Feind, schon pfeifen seine Kugeln um den Nußbaum . . General Colson stürzt zu Boden . . mit zertrümmertem Schädel, tot.

Wer ist der höhere Führer, der zum Marschall heranhastet? „Monseigneur, ich sammle das 98. und ziehe II 18. durch Fröschweiler vor.“ „Gut, General Wolff! Gehen Sie sogleich vor, die Zeit drängt!“ Dieser Brigadegeneral Ducrots scheint sich verdoppeln zu wollen, seinem Eifer gelingt ein nochmaliger Vorstoß . . kaum gesammelt, stürmt sie voran, ohne Schützengefecht, diese schwache Brigade. Doch das Donnern der deutschen Batterieen steigert sich, vernichtend schlagen ihre Salven ein, die Kraft gebricht . . „Nur 200 Meter weit!" seufzt Mac Mahon, als er die Bataillone schon nach so kurzer Strecke weichen sieht. Und jetzt für immer. Alles, was im „kleinen Wäldchen" sich staute, flüchtet jetzt weiter rückwärts in den großen Hagenauer Wald.

Jetzt ist Elsaßhausen nicht mehr zu retten. Unter betäubendem Hurrah wird's genommen, 3½ Uhr. Bei diesem fünften großen Angriff XI. Korps werden 7 Kanonen erobert von den 12 Bonne- mains, eine einzige Kompagnie 87 er nimmt 4 Stück.

Der Marschall entsendet Adjutanten: „Ganze Artilleriereserve vor! Nur 10 Minuten den Feind absperren!" Und Failly kommt nicht! Die Schlacht geht verloren! Schlimmer als das: das Heer wird vernichtet, wenn sich Fröschweiler nicht hält, bis der Rückzug nach Reichshofen beendet. — „Ah, bravo, die Artillerie!"

48 Reservegeschütze fahren auf, protzen ab, Front nach Elsaß- hausen und Wörth, schleudern ihre Granaten . . Geländeverhältnisse zwingen, auf 400 Schritt ins Gewehrfeuer zu fahren, um gründlich wirken zu können. Umsonst, die zu nahe exponierten mußten schon wieder aufprotzen, ohne Schuß kehrtmachend. Das wollen sie nicht, doch schon beim dritten Schuß verstummt ihre Mündung. Ein paar Minuten und rasendes Schnellfeuer der rastlos vordringenden hessischen Schützenhaufen tötet Menschen und Pferde . . schon dringen sie in die Geschützreihen ein . . ihr jauchzendes Hurrah verkündet, daß neun Stück in ihre Hand fallen . . die andern protzen auf und rasseln davon. Erschütternder Anblick dem Sieger: einige unter Oberst Grouvel standen bis zum letzten Schuß und werden noch feuernd erobert, haufenweis liegt die Bemannung darum, noch im Tod die Rohre umklammernd. Da plötzlich fegt es von Frösch- weiler her . . „Ah da, die 1. Turkos!" Ja, das sind die 1. Turkos.

Bei Weißenburg um ein Drittel gelichtet, blieben sie bisher in Reserve — jetzt müssen sie dran! Mitten durch fliehende Batail- lone und Batterieen brechen sie durch und vor. Weder die Flucht der Ihren, noch das Siegesgeschrei der Verfolger, noch ihr kon- zentrischer Feuerguß schüchtert sie ein, die kampftollen Menschen-

tiger. Alle drei Bataillone in einer Reihe nebeneinander steigen sie
aus dem Thalgrund auf. Knäuel von Linienfußvolk schließen sich
an, Versprengte, Gesammelte der Brigaden Fraboulet und Maire.
„Vive l'Empereur!" Ihr entschlossener Zuruf scheint des Siegers
drohenden Schlachtendonner übertönen zu wollen. Die hellblauen
Jacken und weißen Hosen tauchen unter in die dunkeln deutschen
Schwärme — und die eben noch triumphierende ganze Masse des
XI. Korps wälzt sich unter dem gewaltigen Ruck rückwärts, rück=
wärts durchs brennende Dorf, rückwärts in den Niederwald.

Mit gellendem Schakalgeheul, das Chassepot schwingend überm
braunen Gesicht, aus dem die Wüstenaugen dieser schwarzen Panther
lodern, grell wie die schwefelgelben Schlangenornamente ihrer Uni=
formlitzen, springen die Turkos nach, springen wie Katzen in jähen
Sätzen. „Macht, daß ihr aus unsern Geschützen kommt!" Sechs
eroberte Kanonen müssen von den Deutschen im Stich gelassen
werden, unaufhaltsam rollt der Anprall 1200 Meter weiter. Da . .
bitteres, beißendes Flankenfeuer trifft die Weichen der Turkos, die
Deutschen schwenken aufs neue Front, frische Reserven — die letzten
des XI. Korps — füllen nach. Sieben Batterieen jagen heran,
nahe, sehr nahe an die stürmende Linie — so nahe, daß man mit
Kartätschen schießt. Die Spitze der Turkos wankt. Noch entbrennt
ein kurzes Nahgefecht. Die Turkos, oft beim Vorgehen Salven
lösend, Gewehr an der Hüfte aufgesetzt, haben ihre Munition ver=
schleudert . . Übermacht bei ebenbürtiger Tapferkeit tritt in ihre
Rechte . . sie verschwinden mit eins vom Kampfplatz, nach Reichs=
hofen ausbiegend . . 800 Mann = 53 Prozent hat ihnen die letzte
Viertelstunde gekostet.

Es ist aus! Auch das umsonst! Mac Mahon blickt starr
umher. Failly kommt nicht. Infanterie und Artillerie verbraucht.
Nur eins noch übrig: Kavallerie einsetzen! „Wieviel Uhr?" „3³/₄."
„Befehlen Herr Marschall noch Weiteres?" Dieser antwortet nicht,
sondern setzt seinem Renner die Sporen ein . . zu Bonnemains
geht der Ritt.

Es waren die 94er, sowie II 50. vom V. Korps, an denen
wie an granitenen Klippen der Turkos donnernder Schwall sich
brach. Insbesondere die 3. reitende Batterie des Boseschen Heeres=

teils hatte sich hierbei mit Ruhm bedeckt, jetzt setzte auch die
1. reitende sich rüstig in Bereitschaft, etwaige Reiterattaken abzu-
fangen. Und aufs neue hebt die erschütternde Kanonade an. Besonders vom Morsbrunner Defilee her bricht jetzt die Sturmflut durch
den Niederwald vor. Die 32er durchmaßen dort den Eberbach, durch-
stiegen den Thalgrund und entfaltete sich überhaupt neue Angriffs-
formation der 22. Division. Das ganze XI. Korps konnte jetzt vereint
in Aktion treten, bald seine sämtlichen Feuerschlünde nach einer
Zielscheibe lenken. Wohl hielt sich Fröschweiler noch, doch unterm
scharfen Verfolgungsfeuer der Deutschen drängten dort wirre
Scharen, die sich nicht mehr aufhalten ließen, zur Rückzugsstraße
hin. Viele hatten ihre letzten Patronen verschossen, frischgefüllte
Munitionswagen der Parks waren nicht zur Stelle, um neuen
Schießbedarf zu fassen. Nicht besser freilich ging es zahlreichen
deutschen Kompagnieen, die kaum einen Schuß mehr thun können
und noch in erster Reihe verharren. So stand es besonders
beim rechten Flügel XI. und linken V. Korps, wo die im Waldgefecht durcheinander gewürfelten, hierhin und dorthin verschlagenen
Teile der 83er, 80er, 87er mit 50ern und 7ern den brüderlichen
Wettkampf durchführten, wer zuerst den Elsaßhausener Grund er-
streiten werde. Und inmitten solch bedenklicher Lockerung sollten
sie noch eine besonders heftige Attake bestehen, die alsbald unternommen wurde, wie jähes Aufwirbeln von Staubwolken verriet.

Diese Franzosen haben ihre Keile weg, aber sie tragen sie wie
Männer, wie ein Ringer, dem der Sieger nachher achtungsvoll die
Hand drückt, nachdem er ihm die Rippen gebrochen. Die da drüben
werden sich verteidigen bis zum Einbruch der deutschen Sturmkolonnen, werden womöglich noch ihre Geschütze zurückschaffen, die
bis zum äußersten von droben feuern. Aber wir kommen bald
hinauf, übers Glacis von Fröschweiler. Noch gehen sie uns mit
dem Bajonett entgegen, noch halten sie sich wacker; aber die
Schwadronen, die man da wieder heranrasseln hört, werden uns
nicht niederhauen, nicht mal zum Einhauen kommen, darauf kann
man Gift nehmen! Bangemachen gilt nicht! — So denken die
Hessen und Schlesier, die hier zum erstenmal die deutsche Stammes-
genossenschaft mit jauchzendem Hurrah austönen. Die Nassauer 87er
wollen sich heute noch auszeichnen, um ihre Niederlage am Morgen

vergeſſen zu machen, und noch andere Dinge: ſind ſie doch noch
die alten Naſſauer der ſeligen Rheinbundszeit, die in Spanien
fröhlich für Napoleon den Großen ſtarben und als getreue Landsknechte ſich den Feſttoaſt ihres Diviſionärs Leval gerne gefallen
ließen: „Ihr ſeid wert, an der Seite der großen Nation zu fechten!"

Tapfer löſchen ſie heute die Schmach in Franzoſenblut. Ja, hier
wird nicht genaſſauert, hier wird alles bar bezahlt, was man verzehrt: der Weg zum Ruhm mit Leichen gepflaſtert.

Geſenkten Hauptes, meiſt hinkend, ſchleppen ſich immer noch
ſtolze Panzerreiter Michel's als Gefangene, denen die Roſſe gefallen oder abgenommen, durch die deutſchen Linien. In finſterer
Beſchämung neiden ſie den anderen Kameraden deren friſchen,
fröhlichen Reitertod. Bei Morsbrunn iſt der Weg dermaßen mit
Kadavern verſperrt, daß man dort, Sieger und Gefangene, ausbiegen muß: die letzte Barrikade, die Barrikade des Todes! Märtyrer der Waffenehre, haben dieſe Männer ſich für immer die Bewunderung ihrer Landsleute, die Achtung der Gegner geſichert,
und auf jeder Revue, wo ihre Standarten erſcheinen, begrüßt ſie
das begeiſterte Volk als die legendären „Küraſſiere von Reichshofen", für ewig eingegraben in die franzöſiſchen Herzen.

Doch noch iſt die Rolle der Reiterei nicht ausgeſpielt im Drama
dieſes Tages. Schon treten die deutſchen dunkeln Linien allerorts
aus dem Niederwald und dem Fröſchweiler Holz hervor, ſchon raſſeln
ihre Trommeln beherzt zum Anlauf auf Fröſchweiler . . da ein
ſchrecklich ſchönes Bild, fremde Reiter wie aus der Erde gezaubert,
auf feurigen Rennern mit blinkenden Schwertern. Neue Hekatomben
ritterlicher Hingebung . . neuer Sturmritt, großartig in ſchweigender
Pflichterfüllung ſelbſtverleugnender Disziplin . . 24 Trompeten
ſchmettern wieder zur Attake.

Seit Mittag wechſelte Diviſion Bonnemains, an den großen
Wald gelehnt, mehrmals ihre Stellung und ſtand jetzt, in Halbregimentskolonnen formiert, ſüdöſtlich von Fröſchweiler, bis wohin

die deutschen Granaten sie nicht entdecken konnten. Unbeweglich
ragt diese Stahlmauer im Waffenmeer, unterm glühheißen Bal=
dachin der Granaten und Sonnenstrahlen. „Der Marschall selber!"
Ja, Mac Mahon in Person jagt an General de Bonnemains her=
an und drückt ihm die Hand: „General, Sie müssen absolut diese
Batterieen dort aufhalten . . nur 20 Minuten . . und koste es ein
ganzes Regiment . . das Heil der Armee hängt davon ab!"

Laut sind die Worte gesprochen und wohl vernehmen's die vor=
deren Glieder . . sie ahnen, was man von ihnen erwartet. Stumm,
ergeben sitzen sie fest im Sattel und regungslos, Stoiker im Harnisch,
Philosophen der Todesverachtung. Doch ein eisiger Grabeshauch
scheint die heißen Lüfte zu erkälten, als die prachtvollen Schwa=
dronen ihren Kampfplatz suchen und in geschlossener Ordnung am
Marschall vorbei defilieren, ruhig wie Gladiatoren in der Arena
vor Cäsar die Schwerterspitzen senkten. Doch die Arena, die sich
vor ihnen öffnet, ist kein glatter Kampfboden. Gärten, Weinberge,
Gräben, Abfälle, Hecken, Parzellen, alles das hält auch hier den
Anritt auf, ermattet den Elan. „Par escadron en bataille!"

Wie zur Parade in vollkommenster Schlachtordnung, hoch und
stolz, reitet die Kürassierbrigade Girard den Geistern ihrer Waffen=
brüder nach in den Tod: die Brigade Michel scheint wieder lebendig
geworden.

Linien der Infanterie, die platt auf dem Bauche liegen, erheben
sich rasch und verschwinden hinter den Reiterscharen. „En avant
les cuirassiers!" Oberst Leforestier de Vendoeuvre führt das
1. Kürassierregiment im Galopp gegen die Wörther Hochfläche, um
jene fürchterlichen Batterieen zu überflügeln, deren Kreuzfeuer blutige
Furchen reißt. Die eigene Artillerie schweigt, eine augenblickliche
Stille herrscht, in der man nur das Rasseln der Schwadronen ver=
nimmt. „Es geht nicht weiter! — Hinüber! — Nein, zu tief!"
Ein unübersteiglicher Graben macht plötzlich jedem Vorgehen ein
Ende. Das Regiment schwenkt volteschlagend rückwärts ab, doch sein
Verlust läßt sich noch ertragen — nur 5 Offiziere 70 Gemeine
fehlen in den Gliedern. Aber die 4. Kürassiere — einst in Ruß=
land bei Polotzk und an der Beresina entscheidend — finden ein
schlimmeres Los. Echelonweise per Eskadron nacheinander das
Fußvolk des V. Korps anreitend, suchen sie an verschiedenen Punkten

einzubrechen. Wohl schwanken gleich anfangs viele im Sattel, doch hintere Reihen drängen vordere vor, die abschwenken möchten.

Krach! man hört deutlich das Klappern der Kugeln auf den Kürassen. Knapp vor Gewehrmündungen werden Veteranen mit drei Treffen am Arm und dem Ehrenkreuz auf der Brust in starrer Ruhe hingebettet. Vom spitzen Henriquatre wallt ihr Blut hernieder, doch ihr eigener Pallasch blieb ungerötet: Keinem Preußen durften sie den Schädel spalten. Umsonst umspannt die reglose Faust noch immer das lange Schwert, weit vorgestreckt, den Griff umklammernd, als wollten sie's mit ins Grab nehmen. Da attakiert ein Grimmer immer noch wie in Berserkerwut, dem die Rechte glatt abgeschossen: er trägt sie wie einen Handschuh in der Linken!

Die 1. und 2. Schwadron unter persönlichem Kommando des Oberst Billet straucheln an einem Heckenzuge, aus dem die Niederschlesier ein grausames Schnellfeuer versenden. „Zurück im Galopp!" Aber die Kugeln unsichtbarer Schützen und die Geschosse von sechzig Geschützen folgen ihnen nach. Dem Escadronchef Broutta wird der rechte Arm weggerissen. Der unermüdliche Oberst setzt sich an die Spitze der andern Schwadronen und setzt mehr nach links die Attake an, in ein kleines, nach Wörth abfallendes Thal. „Trab!" 500 m vorwärts — immer noch kein günstiges Attakenfeld. Ein Teil dringt in eine Weinpflanzung ein, wo man in ein wahres Wespennest von Tirailleuren stößt. Umsonst schlagen die Eisenreiter um sich wie Tolle, der Gegner bleibt unerreichbar hinter Gräben und gefällten Bäumen. „Rendez-vous, monsieur, vous ètes mon prisonnier!" schreien einige Waghälse die deutschen Offiziere an, die in Mitte loser Schützenschwärme halten. Diese lächeln nur mitleidig.

„Rettet den Oberst!" Sein Pferd überschlägt sich, zu Tode getroffen, er selbst rollt verwundet unter die Bayonette der Posen'schen 58er. Umsonst sterben zu seiner Rettung der Escadronchef d'Eggs, die Lieutenants Motte und Schiffmacher. Und wer ist der junge Unterlieutenant, der viermal mit einigen Leuten seinen Oberst herauszuhauen sucht, das Gesicht blutend aus zerschossener Kinnlade? Mit Gewalt muß ihn förmlich der tapfere Kapitän d'Orcet aus dem Getümmel reißen — es ist ja ein Sohn, der seinen Vater zu retten sucht, Unterlieutenant Billet! Umsonst,

Oberst Billet bleibt gefangen und Kommandant Negroni sammelt die führerlosen Pelotons endlich an ihrer früheren Aufmarschstelle.

Die 4. Schwadron ist einfach vernichtet, weggewischt, wie mit Gummi ein Bleistiftstrich, 11 Offiziere, 170 Mann sind verloren. Und doch nur 10 Minuten gewonnen. „Ich brauche noch weitere 10!"

Die Ordre Mac Mahons fliegt an Bonnemains und der giebt sie trocken weiter: „2. Brigade sich engagieren!" General de Brauer führt 2. und 3. Kürassiere vor. Sie empfangen die Ordre zur Entwickelung und die Obersten kommandieren wie bei der ersten Brigade hintereinander: „Par demi-régiment, changement de front sur l'aile droite!" Staffelweise — „par echelons de demi-régiment!" — setzen die 2. an; eine Zeitlang begleitet sie der unerschrockene Infanteriebrigadier Wolff. „Dorthin!" weist er dem Escadronchef Corot die Richtung auf Elsaßhausen, wo man dem Feind begegnen wird, von dem man noch nichts bemerken kann.

„Au galop! Pour la charge!" Aus dem Trab in Attakengeschwindlauf übergehend, durcheilt man 600 m durchschnittenen Geländes. Am Rand der Fröschweiler Hochfläche überblickt man erst die feindliche Sturmflut, die gen Fröschweiler heranstrudelt: einsam wie eine Klippe ragt ein Bataillon 1. Turkos daraus hervor, das sich, fast schon umzingelt, den Rückzug bahnt. An ihnen vorüberbrausend, begrüßt vom Vivat der erlöst aufatmenden Turcos, bricht man mit Viertelschwenkung rechts in die Schützenlinien der Hessen ein, die sich überall seitwärts in die Büsche werfen. Aber ein Hügelgraben von 10 Fuß Breite setzt dem Centrum des ersten Halbregiments ein Ziel, die erschöpften Rosse straucheln und reißen einknickend ihre Reiter mit sich. In diesen Wirrwar zielen die kaltblütigen deutschen Schützen hinein und schießen die noch Aufrechten aus den Sätteln herunter. Oberstlieutenant Boré-Verrier läßt zum Rückzug blasen, nur Wenige folgen dem Ruf: „Aux canons!" An der Ecke eines Weinbergs ist ein feuerndes Geschütz vom Lieutenant Bigot schon berührt worden, als er tot vom Sattel sinkt.

8 Offiziere, 155 Gemeine sind aus den Reihen geschieden. Aber die Attake spinnt sich weiter ohne Unterbrechung.

„Die 3. müssen dran!" Da werden auch noch Menschenleben genug draufgehen — ein kostbares zuerst. Der alte Oberst de

Lacarre mit grauen Haaren, ritterlich um 100 Schritt seiner Tête
vorauf, hat sich kaum zu seinen Leuten umgedreht mit geschwungenem
Degen: „Chargez!", als ein Granatstück ihm ohne weiteres den
Kopf zerreißt und auch noch seinen Stabstrompeter vierteilt, der
eben sein Mundstück hinter sich stecken wollte, um zum Einhauen
den Palasch zur Hand zu nehmen. Das entsetzt nach vorn durch=
gehende Pferd des Obersten chargiert aber weiter, mit der noch
krampfhaft steifsitzenden Leiche im Sattel, wie die Sage meldet vom
toten Cid Campeador, bis der Impetus, endlich in sich selber auf=
gehalten, verzuckt und Roß und Leiche zusammensinken. Ein stutzendes
Erstarren, ein grimmig verzweifeltes Stöhnen, dann ein wütender
Schrei: „Rache!" Vier Rittmeister fallen dem Obersten nach.
Hinter diesem unheimlichen Leichenchef brausen die Seinen durch
den Totenacker, wo ihre Waffenbrüder bluten und verröcheln.

Auf die Mähne gebeugt, den Kopf hoch, das Auge auf den Feind
gerichtet, Sporen in den Weichen, aber überall durch Tote und
Sterbende aufgehalten, nehmen sie in wilden Sprüngen alle Hinder=
nisse und setzen ihren verzweifelten Anlauf fort, als das Signal
zum Rückzug erklingt, noch ehe die zweite Hälfte des Regiments
engagiert: die Zeitfrist, welche Mac Mahon wünschte, ist blutig er=
kauft. 4 Uhr vorüber. Brigade Brauer geht rasch hinter die letzte
Artillerielinie zurück, die in Höhe von Fröschweiler standhält.

Division Bonnemains, schwarz von Pulver und Staub, zieht
gelassen durchs Gehölz den geschlagenen Fußvölkern zur Seite, die
sich auf der Straße nach Zabern fortwälzen und bei ihrem Anblick
in enthusiastische Dankrufe ausbrechen. „Vivent les cuirassiers!
Vive les sauveurs!": schon hat sich die Kunde verbreitet und die
Legende gebildet. Noch denken sie, traurig die Köpfe hängend, an
den Bleiorkan ohne Pause und Erbarmen, das Krachen der Kanonen,
Prasseln der Kugeln auf Helme und Bruststücke, das Wiehern der
Renner, Feldgeschrei und Todesschreie, Klappern der Säbelscheiden
an die Steigbügel im unaufhaltsamen Sturmritt .. betäubendes
Röcheln der letzten Zuckung einer sterbenden Armee .. mitten durch
den Tod ein tolles, verzweifeltes Vorwärtsjagen!

Diese verwirrten Trümmer, Massen herrenloser Pferde, tragen
nun auch Unordnung in die letzten geschlossenen Körper, geben dem
Heergeist den Gnadenstoß.

Das deutsche Fußvolk hatte überall den Zusammenstoß mit wunderbarer Ruhe erwartet; nur die besten Schützen schossen einzeln auf 500 Schritt, sonst fiel kein Schuß aus den direkt angegriffenen Linien. Aller Augen hefteten sich auf die Hauptleute, die das Schicksal ihrer Mannschaft in der Hand hatten. Erst auf 150 Schritt Distanz brach das Schnellfeuer los, oft in runden Salven, sobald die Hauptleute sich vor ihre Linie warfen, Säbel in der Rechten, Helm in der Linken als Signal schwenkend. „Feuer! — Hurrah!" Bis auf 100 Schritt kamen die Küraffiere, all ihre Offiziere vorn, diese Windsbraut, die Schrecken und Tod verheißt. „In der Reihe bleiben! Immer feuern!" mahnen ruhig die deutschen Führer und selbst unsichere Kantonisten gewinnen ihre Kaltblütigkeit wieder, keiner schließt die Augen, alle führen sich brav auf. Bis auf 20 Schritt kommen einzelne Züge, man hörte das Roffeschnauben, sah die finstern und schrecklichen Gesichter der Reiter, aber das tötliche Blei ergoß sich immer wieder aus allen Gewehren. Ein baum=langer Maréchal de Logis, ein Riese auf riesigem Rappen, ent=waffnete einen Hauptmann, allein vorstürzend zum Einzelkampf, aber ein Bajonettstoß wirft ihn um. „Rendez-vous, monsieur! Vous êtes un brave soldat, mais rendez-vous!" „Mais oui!" Und der Verwundete fällt ohne weitere Worte in die Arme des Haupt=manns, die sich dem braven Gegner öffnen. Mit Hochachtung blicken die Sieger den verschwindenden Resten der Regimenter nach, die sich so tapfer vernichten ließen. Zu viel hat heut die Kavallerie geleistet und gelitten, wenn auch nicht bei beiden kämpfenden Par=teien, sondern nur beim Unterliegenden. Blutend kamen alle Schwadronen zurück. Wie ein Kartenspiel auf den Tisch gefächert, verstreuten sich ihre Reihen, und wo die Erde unter der Wucht ihres Anreitens bebte, da schlummern sie jetzt, ritterlich hingebettet, unter zerwühlten Schützengräben.

Unter Obstbäumen faulen bittere Früchte, unter Apfelbäumen modern die Apfelschimmel.

Mac Mahon verfolgte erst mit hoffender Seele durch den Dunst=
schleier, wie die langen Reiterlinien a tempo dem Feinde ent=
gegenbrausten und sich strahlenförmig nach Osten und Südosten in
Richtung Wörth und Elsaßhausen entfächerten. Aber bald sah er die
eiserne Sturmflut zurückebben, die Brandung verschäumen, den alles=
verschlingenwollenden Strudel sich brechen — und unbesieglich be=
haupteten die Deutschen ihr Vorwärts, nur auf Augenblicke unter=
brochen. Durch Wolken von Rauch und Staub, durch Flammen=
spritzer springender Granaten bezeichnet sich das Vorrücken ihrer
Schlachtordnung. Doch schwere Opfer hat noch der letzte Kampf
um Elsaßhausen gefordert, der sterbende Löwe krallte mächtig seine
Tatze ein. Der kommandierende General v. Bose, schon früher
leichter verwundet, muß blutüberströmt aus der Schützenlinie weichen,
bis zu welcher er ermunternd vorritt. Divisionsgeneral v. Schkopp
desgleichen. Die durcheinander gewürfelten Massen, völlig auf=
gelöst, besitzen nicht die geringste taktische Ordnung mehr. Wo das
V. ans XI. Korps ansetzt, ficht alles wirr durcheinander. „Alles
was rote Achselkappen trägt, nach links!" „Gelbe Achselklappen
rechts!" Das ist die einzige Möglichkeit, die Korps zu sondern!
„Grüß Gott, grüß Gott!" Mit freundlichem Gruß in leichter,
flotter Bewegung eilen von links her neue deutsche Bataillone heran,
nicht in der steifen, ernst kriegerischen Preußentracht mit Helm und
Mütze, sondern im knappen Waffenrock, einer Joppe ähnlich, und
mit zierlicher Kappe. „Württemberger!" Und die alte rote Sturm=
fahne geht vorwärts: mit begeisterter Frische werfen sich die Schwaben,
das erschöpfte hessische Korps mit fortreißend zu erneuter Anspan=
nung, auf die Linie Elsaßhausen=Fröschweiler. Das läßt sich die
Artillerie des XI. Korps nicht entgehen: den Anstoß erneuter Vor=
wärtsbewegung benutzend, stürmen zwei Batterieen Hillern und
Ohnesorge sehr weit den Schützen voraus und nehmen die Rück=
zugsstraße nach Reichshofen unter Feuer, wo jetzt nur noch Brigade
Montmarie der Division Pellé, so hart bei Weißenburg mitgenommen,
in langsamem Abzug sich vor die fliehenden Trümmer Lartigue's

und Dumesnil's und die völlig in den Hagenauer Wald entwichenen
1. Turkos schiebt. Auf eine bemerkbar werdende neue Reitermasse
und eine noch standhaltende Batterie ihr Feuer richtend, feindliche
Tirailleure durch wohlgezielte Granaten zerstäubend, nehmen die
beiden Batterieen nochmals einen Anlauf und erobern selber aus
freier Hand die feindliche Batterie. „Hurrah, hurrah!"

Schon kommt man auf dieser Seite von Westen dem Bollwerk
Fröschweiler bei und immer näher zieht das Ungewitter auch in der
Front von Süden her gegen das unglückliche Dorf herauf, indes von
Osten die Bayern immer dichter und weiter ihre Umfassung spannen.
Die fast zertrümmerte Division Raoult und Teile der Brigade
Wolff erwehren sich nach Möglichkeit des erdrückenden Schlages von
Westen und Süden, indes Ducrot im Osten mit seinen Chasseurs,
einigen Bataillonen Raoults und dem 78. Regiment, sowie I 45
der Brigade Houlbec das Fortschreiten der beiden bayerischen Armee-
korps und Teilen der Posener Brigade immer noch mäßigt.

„1. Zuaven im Laufschritt nach Fröschweiler!" befiehlt er, auf die
Kunde, daß ihm die Deckung des Rückzugs übertragen sei. Die Horn-
signale „Zurück, zurück!" mußten dies Eliteregiment schon lange von
Langensulzbach, von Verfolgung der Bayern zurückrufen, aber aus
dieser Richtung unternimmt der Feind überhaupt keinen Angriff
mehr, sondern nur westlicher im Anschluß ans Nachbarkorps v. d.
Tann und nordöstlich von Bitsch her. —

„Her mit der Fahne!" In einem letzten furchtbaren Kampfe
um eine halbmondförmige Erdschanze auf dem obersten Kamm des
Fröschweiler Plateaus wird das Feldzeichen der 2. Zuaven von den
59ern erobert. Die Turkos wehren sich noch wild im Fröschweiler
Holz hinter einer Tornisterverschanzung. Oberst Carré de Bellemare vom 78. sammelt seine Bataillone, bricht aus dem Walde vor,
indes auch das 36. nochmals sich ungebrochen zeigt. Die 2. Zuaven
haben nun auch ihr Teil, elfhundert der Ihren decken die Walstatt,
auch sie räumen das Schlachtfeld, auch bei ihnen flüchtet eine Kompagnie ins Rheinthal hinter die Straßburger Festungswälle. Dagegen thaten die 2. Turkos immer noch das Äußerste, am oberen
Waldweg zur Alten Mühle. Sie gehen bis 5 Uhr noch voll-
ständiger unter als die 3. Zuaven, von ihren 2300 Köpfen sind
nur 400 noch oben! Auch das 48. de ligne hat sich aufgelöst,

doch sammelt Oberstlieutenant Thomassin noch einzelne Teile. Glor=
reich folgen immer noch die 13. Chasseurs dem ermunternden Zuruf
ihres Generals, der einen nochmaligen Gegenstoß mit I II 36 und
78 in Szene setzt, aber die Heldenschar hört damit auf zu existieren
— 850 von 950 Chasseurs tot, verwundet, gefangen! Als die
Attake scheitert, werden ganze Massen vom 78. und 48. abgetrieben,
umstellt und beim Absuchen des Fröschweiler Holzes gefangen.

Es sind F 59, Görlitzer Jäger und ein Halbbataillon der un=
ermüdlichen, am längsten von allen Truppen fechtenden 37er, in
deren Kreuzfeuer der letzte Sturm Ducrots hineingerät. „Um Gott,
was ist dem General?" Der alte Raoult, der sich selber zu dem
zweiten Gegenstoß Ducrots an Ort und Stelle begab und brum=
mend hin und her ritt, fährt im Sattel zusammen, gleitet zur Erde
mit zerschmetterten Schenkeln, wie einst Marschall Lannes bei Aspern.
Ein Wehegeschrei um den geliebten Führer durchrinnt die Reihen.

Die deutscherseits ansetzende Gegenoffensive prallte auf der ganzen
Linie entgegen. Mit halbrechts von der Wörther Chaussee und
halblinks vom Abhang zwischen Sägemühle und Fröschweiler Holz
flutete ein schräges Avancieren nach der Mitte zu: so geriet der nach
Südwest gerichtete Stoß Ducrots notwendig in kreuzendes Feuer,
ohne daß die Deutschen selber es beabsichtigt hätten. Naturgemäß
gingen die weit voraus befindlichen 13. Chasseurs hierbei zu Grunde.

Das 78. de ligne hielt sich zwar besser, als zu Anfang der
Schlacht. Als es aber den Abhang hinabzusteigen begann und ge=
schlossen vorzudringen versuchte, ward sein Beginnen durch schneiden=
des Flankenfeuer vereitelt. Die Bayern drangen ihrerseits ins süd=
östliche Vorderteil der Gehölze nach Nehweiler ein, auch der hintere
nordöstliche Teil ging nachher verloren, als I 45 sich bedrängt sah.
Korps Hartmann bemächtigte sich endlich der Situation. Das 78.
de ligne ging nun zur Entlastung und Lückenfüllung heran, wurde
aber hitzig von den Görlitzer Jägern beschossen und von der bayerischen
1. Division, die sich wieder ermannte. Das Wenige, was von der
17. preußischen Brigade noch in Reserve verblieb, setzte sich zwischen
Wald= und Höhenrand fest. Es wird noch beim Zurückgehen sehr
heftig gefochten, endlich aber die Bataillone des 78. zersprengt, ins
Gehölz versprengt, das Regiment als solches ganz auseinander=
gesprengt. Viele Chefs der vordersten Kompagnieen, die beherzt

anlaufend diesen Sturm begannen, blieben auf dem Platze, doch Oberst
de Bellemare unversehrt an Spitze seiner Truppe. Ihm hat das
Schicksal noch eine glänzende Laufbahn aufgespart nach fragwürdigen
Waffenthaten. — —

Das 36. befand sich seit 3 Uhr in bedenklicher Lage, da die
2. Zuaven und 2. Turkos links und rechts wichen. Oberst Krien,
dem neuerdings die Kompagnieführer Cassel und Heroud außer
Gefecht gesetzt, späht um sich. „Unsere Rechte ist mit gar keiner
Truppe mehr verbunden," bemerkt er zu Adjutant-Major Terrin.
„Diese verfluchten Preußen können leicht den Abhang hinauf
Ducrot im Rücken fassen. Um der Bewegung zuvorzukommen,
müssen wir eine neue Bataillelinie bilden. Lassen Sie die Fahne
mit der Fahnenwache rückwärts senden — dorthin," er bezeichnet
einen Punkt. „Sie soll die Stelle markieren, wo unsere Mitte
einsetzen soll." „Also Frontwechsel rückwärts vom rechten Flügel
ab?" „Ganz so, perpendikulär zu unserer früheren Stellung, ver-
stehen Sie, Rechte von jetztab an Fröschweiler gelehnt."

Die Bewegung beginnt, aber der Feind läßt es nicht zu voller
Ausführung kommen. Wie ein Riese nähert er sich mit großen Schritten
auf der Hochfläche. Da sprengt General Ducrot selbst heran: „Da
giebt's nur eins, Colonel — sonst wird die Armee in Stücke ge-
teilt, das Centrum durchbrochen — mein Entschluß ist gefaßt, retour
offensiv mit allem, was ich noch zur Hand habe!" „Terrin, zum
Angriff blasen!" Und das Signal wird auch von III 36 gehört.

Mit bewundernswertem Elan setzt das berühmte Regiment, blitz-
schnell neugeordnet, nochmals vereinigt an, in seinen zwei verschiedenen Gruppen. Anfangs scheint man reussieren zu sollen. Wirft
das prächtige Vorwärts nicht alles vor sich nieder? Ach nein,
gegen deutsche Ruhe fruchtet nichts! Schon sind außer Gefecht gesetzt: Oberst Krien selber, Oberlieutenant Cloux, Kommandant Croix,
Kapitän Manson, drei Lieutenants und der Fahnenträger. Auch
der Adjutant-Major Terrin wird getötet, beim III noch ein Kapitän
und drei Lieutenants, all die tapfern Offiziere bleiben auf der Walstatt und zerstört als verbrannte Schlacke wird das brave Regiment
ins brennende Fröschweiler hineingeschleudert. Alle Regimenter
mischen sich dort, in Hast formieren höhere Offiziere neue Sturmsäulen, um sich dem Feind entgegenzuwerfen. Unnützer Versuch!

Neues Rückwärts wird notwendig. Die preußische Artillerie ist
da, geht auf immer geringere Entfernung im Halbkreis heran. Frösch=
weiler in Flammen ist wie Sinnbild eines Kraters, auf dessen Grunde
das unselige Heer zu Asche verbrennt. „Rettet die Fahne!" 5 Offi=
ziere sammeln hundert Mann um das Feldzeichen, aber eine scharfe
Salve zerstreut die kleine Gruppe. Lieutenant Lacombe und zwei
Sappeurs bleiben die einzigen Hüter des kostbaren Emblems.

„Die Zeit fehlt zum Verbrennen? Was thun?" „Zerreißen,
verstecken!" Gesagt, gethan, die abgerissene Seide wird unter Reisig=
bündeln verborgen, heraneilende Sieger finden nur die Stange, das
Trikolorenband der Spitze hat ein armer Teufel mit zerschmettertem
Bein unter sich gesteckt, wo man's sicher nicht suchen wird.

Das 36. hat seinem Namen keine Schande gemacht: 45 Offi=
ziere, 960 Mann blieben auf dem Felde der Ehre tot und blessiert
zurück.

Der kommandierende Marschall warf sein Pferd herum, winkte
mit Hand und Geste ab, als ihm ein Kürassierbrigadier mit ge=
rötetem Degen salutierte: „Befehlen Herr Marschall, noch das 3.
einzusetzen?" Der Vorsprung war schon gewonnen, die kleine halbe
Stunde, um der Infanterie überstürzten Rückzug zu gestatten, indes
Ducrot als Nachhut noch Aufschub gewährt. „Genug, nicht mehr!
Allgemeiner Abzug nach Niederbronn!" Da hilft kein Überlegen.

An der brennenden Kirche von Fröschweiler eilt der Flüchtige
vorbei, totenbleich, ein Epaulett von Streifschuß abgerissen. „Es muß
4 Uhr sein!" Er blickt hinauf.. aber die Kirchturmuhr steht stille.
Ein Granatsplitter hat sie verwundet, ihr Zeiger blieb stehen auf
3 Uhr — das ist der Augenblick, wo unwiderbringlich die Nieder=
lage hereinbrach, wo das napoleonische Empire den ersten Stoß
empfing, daß es schon wankt in allen Fugen. Es ist, als habe ein
Finger überirdischer Mächte daran gerührt.. ja, die Uhr der Gloire
steht still für immer.

Einen Blick auf dies Fleckchen Erde, das heute die Welt be=
deutet für zwei große Völker.. auf diese Erde, die man Schritt
für Schritt dem Sieger bestritten und sauer gemacht — diese
französische Erde, die Frankreichs Stolz begrub. Ja, hinter ihm
sein Waffenruhm beerdigt für immer — so stürmt der unglückliche

Feldherr die Chaussee hinab, weiter entlang mit verhängtem Zügel . . ohne Gruß davon in gestrecktem Galopp . . zu Seiten seines fliehen= den Heeres . . nur wenige Adjutanten begleiten ihn. Auf einem freien Platz vor Niederbronn findet er das 1. Husarenregiment auf= marschiert. Der Kommandeur, Prinz de Beaufremont, eilt ihm entgegen. Heiser herrscht er ihn an: „Was treiben Sie noch hier? Nach Zabern!" . . Weiter gehts . . und auf dem Weg nach Zabern entrollt sich immer krasser, beleidigender für ein militärisches Auge, das Bild wüster Panik. Und das ist das stolze 1. Korps, das stolzeste der Armee! In schärfster Gangart verlassen Schwadronen und reitende Batterieen das Schlachtfeld. Der Marschall hält plötz= lich die Zügel an und starrt umher; es ist am Schnittpunkt der Chaussee und der Eisenbahn nach Hagenau. Da kommt ihm eine Vedette von Norden entgegen, ein Rittmeister der Jäger=zu=Pferde pariert vor ihm seinen Renner: „Melde Herrn Marschall: Division Lespart angekommen, nordwestlich Niederbronn." Wie geistesab= wesend starrt ihn der Marschall an: „Dazu brauchtet ihr 10 Stun den?" Plötzlich steigt er schwerfällig ab, fahle Bläße überzieht seine Züge, ohnmächtig lehnt er in Armen, die ihn auffangen.

Auf der Chaussee hinter Fröschweiler hält ein höherer Führer von imponierender Erscheinung mit lang herabwallendem Knebelbart. Die Truppen erkennen Ducrot. Düster blickte er Mac Mahon nach, den er vorübergehend sprach . . muß er seine Braven opfern? Er hat noch seine beste Truppe jetzt hier am Platz.

Vor den 1. Zuaven werfen sich zuerst II III 45, nur vormit= tags mit den Bayern Hartmanns ins Feuer gekommen, sonst noch frisch, den tapfern 94ern und den Thüringern 32ern entgegen, die von Morsbrunn und Eberbach nach Nordwesten einschwenkten. Im Nordosten im Fröschweiler Holz gerät man immer noch hitzig an= einander.

Die Baumkronen des Hochwalds warfen schon breite Schatten, doch das Aufblitzen der unabläſſigen Einzelschüſſe und Salven durch= brach zuckend die Walddämmerung, die das Auge schon schwer zu durchdringen vermochte. Unter den hohen silberigen Buchenhainen pfiffen die Kugeln, daß dicke Äste krachend herumstoben. Die Tiefe des Waldes hallte von Knattern und Dröhnen wieder. Quer=

liegende Baumstämme versperrten die Pfade. Durchs ausgedehnte
Geäst des Dickichts flockten Pulverwölkchen. Aus steckengebliebenen
Munitionskasten entwickelten sich erst dünne Dampfsäulen, dann
dicker Rauch durchs Buchengezweig, Vorbote auffliegender Explosion.
Weggeworfene Waffen, zerbrochene Wagen und Radspeichen, Knäuel
von Toten und Verwundeten erschwerten das Vorwärtskommen bei
Absuchen der Lichtungen. Fahrzeuge jeder Art lagen zu beiden
Seiten der Fröschweiler Chaussee im Graben. Andere hatten sich
vor'm Dorfe so ineinander verfahren, als sie die nötige Wendung
machten, daß Freund und Feind aufgehalten wurden. Je näher
man Fröschweiler kam, desto gehäufter die Hemmnisse, im Dorfe
selbst konnte man kaum mehr durchkommen. Gepäck, Armatur,
Ausrüstungsstücke lagen umher und überfüllten die Gassen. Ab=
gehetzte Zugpferde trampelten im Durcheinander und Fliehende
huschten dahin, die ihrem entwichenen Truppenteil nachliefen. Viele,
die sich aus dem Fröschweiler Holz in den brennenden Ort werfen
wollten, wurden wieder in das freie Feld hinausgetrieben, ehe sie
die Lisière erreichten: Vor der Bayern, nun nordwärts flankierend,
gleich sehr heftigem Andrang. —

Aus dem Niederwald durchs brennende Elsaßhausen rückten
jetzt stattlich in impofanter Masse 12 Bataillone an, die vom Stabs=
chef XI. Korps, Oberst v. Stein, noch schlagfähig zu festen Körpern
gesammelt waren. Weiter westlich stießen 4 Bataillone Württem=
berger ins Herz der nicht mehr bloß gelockerten, sondern völlig ge=
sprengten Stellung Mac Mahons. Dennoch wagte Ducrot noch
einen Gegenstoß, seinen dritten an diesem Tage, mit der ganzen
Brigade Houlbec. Die Württemberger büßten in dem kurzen Ge=
fecht noch 350 Köpfe ein, doch im Verein mit 32ern und 94ern
bewältigten sie allmählich die verzweifelte Gegenwehr. Die drei
Batterieen Ducrots opferten sich heldenhaft, sie feuerten im Halb=
kreis, zwei östlich von Fröschweiler, eine nördlich der Reichshofener
Chaussee. Im Dorfe selbst machte sich die letzte intakte Truppe
schußfertig: die 1. Sappeurkompagnie richtet sich mit rührender Hin=
gebung zum Infanteriegefecht ein. Im Fröschweiler Wald, in den
von allen Seiten Flüchtige strömten, ward ein Kesseltreiben abge=
halten — wie eine Vorahnung künftiger Sedantreibjagd im Bois
de la Garenne. Truppweise wurden hier Gefangene abgeliefert aus

V. und aus I. bayerische Korps, indes jetzt auch die 5. bayerische
Infanteriebrigade des Korps Hartmann nordöstlich Fröschweiler
auftauchte und die Rückzugslinie nach Niederbronn zu durchschneiden
hoffte. Die ganze Division Raoult, mit Ausnahme der durch Frösch=
weiler größtenteils abgezogenen 2. Zuaven, ward hier gesprengt,
wobei die 8. Chasseurs das Schicksal der 1. am Südflügel teilten:
bis auf ein Häuflein von 200 Gewehren geschmolzen. Gegen
Reichshofen im Südwesten ritten jetzt in Menge Schwadronen an:
6 württembergische, 5 preußische, die man zur Verfolgung vorge=
holt, und im Nordosten machten sich 12 bayerische Schwadronen
auf, den Feind von Niederbronn abzutreiben. Diese gegen 5 Uhr
eingeleitete Verfolgung trug jedoch nicht allzu üppige Früchte.

Die Geschlagenen, so demoralisiert sie waren, warfen selten
Waffen und Gepäck weg; nur die Afrikaner Raoults hatten ihre
sämtlichen Tornister eingebüßt, doch auf rühmliche Art, weil letztere
zu Verschanzungen benützt worden waren. Diese alten Kriegsgurgeln
vergaßen immer noch nicht ihren hohen Ruf und erfüllten ihre Pflicht
als Veteranen. Unerschrocken stellten sich auf der Rückzugsstraße
immer wieder Häuflein als Arrièregarde entgegen. Um jeden Baum
der Pappelallee längs der Chaussee sah man Gefallene liegen, die
Stirn zum Feinde gekehrt, das rauchende Chassepot in der kraft=
losen Hand. Selbst wo sie zum Zeichen der Ergebung das Gewehr
mit dem Kolben nach oben kehrten, geschah's in würdiger Haltung,
mit einer gewissen Grandezza.

„Je me rends!“ Der nur leicht verwundete Brigadegeneral
Nicolai überreichte seinen Degen, er war schon frühe aus der Front
geschieden, nicht glorreich gefallen wie sein Kollege de Maire.
General Heriller, ein Nachfahre des tüchtigen Dragonerführers
unterm großen Napoleon, ward auf der Bahre fortgeschafft:
Oberst Graf Caré de Bellemare, ein ehrgeiziger noch junger
Offizier, trat an seine Stelle und suchte Ordnung in die Trüm=
mer der Entkommenen zu bringen, die noch aus der feurigen
Umarmung am Fröschweiler Walde entwischten. Später über=
nahm Herr v. Trécourt-Carteret, Regimentschef der 2. Zuaven,
das Kommando der Brigade und der genesene Heriller das der
Division an Stelle des gefallenen Raoult. Auch den braven Bri=
gadier Wolff belohnte nachher Erhebung zum Divisionskommando,

er und Lartigue werden später bei einem schlimmeren Wörth ihren
Opfermut mit ihrem Blute besiegeln: an der Brücke von Daigny,
auf den Gefilden der sumpfigen Givonne, im Angesicht eines
größeren brennenden Fröschweiler, von dessen Wällen das bleiche
Panier der Unterwerfung weht!

Das letzte Ringen um Dorf, Kirche und Schloß Fröschweiler
beginnt. Noch geben sie sich nicht, die glorreich Besiegten. Buch=
stäblich wie Rasende schlagen sie um sich, wie mit den Hauern an=
geschossene Eber. Der Gallier ist zäh. Er zeigte es wahrlich hin=
reichend unterm alten Napoleon. So war's beim 12. Regiment
in Rußland bei Valutina Gora: Kommandant Robert erhielt eine
Kugel in die Brust, 22 Lanzenstiche, sein getötetes Pferd zerquetschte
ihm den Arm! Und doch heilte er von seinen 24 Wunden! Welche
Kraft, welches Beispiel! Und so fechten hier manche Troupiers noch
fort, so lange ihr Arm nicht steif wird vom Gerinnen des Wun=
denbluts. Mann wider Mann. Ein Tambourmajor zerschlug mit
seinem Stab wie mit einem Hammer den Schädel eines dickköpfigen
Bayern. Dennoch erweist sich die persönliche Kraft des Deutschen
überlegen, und die berühmten Bajonettattaken scheiterten sämtlich
an dem furchtbaren Gegenstoß der Germanen, der im Handgemenge
alles vor sich nieder wirft. Deutlich vernimmt man im Getös das
schneidende Klappern verbogener Bajonette. Aalglatt kriechen ver=
sprengte Turkos, die Büchse am Riemen zwischen den harten Zähnen,
durch die Hopfenplantagen heran, um seitwärts die Vordringenden
zu beschießen; aber alle ihre Gewandtheit wird zunichte an der nach=
haltigen Ausdauer der Nordländer. Die Batterieen Ducrots leisten
mit heiligem Eifer das Äußerste, alle werden im Feuer erobert.
Die beiden östlich zuerst von den Bayern, denen hier billig Tro=
phäen in den Schoß fallen, die dritte westlich vom Dorfe zuletzt
von den 82ern XI. Korps, das heute allein 22 Geschütze erbeutete
— doch nicht billig, sondern mit heißem langem Raufen, das teuer
zu stehen kam.

„Das steckt ja fest wie Ungeziefer! Ausräuchern!" Dorf
und Widerstand verkohlen langsam in sich selber.

Als Bonnemains seinen Verlust abmißt, fehlen ihm von
120 Offizieren 35 und von 2000 Gemeinen mehr als 600 und

700 Pferde. Noch aber sind die Opfer der Kavallerie nicht zu Ende. „Bravo les lanciers!" Vorüberreitende Generale rühmen die Festigkeit der Reserven im Artilleriefeuer . . . „Voilà l'ennemi!" Oben am Rand der Hochfläche von Fröschweiler, wo die 2. Lanciers der Brigade von Nansouty nebst der Hälfte 6. Lanciers seit Mittag hin und her schwankten, um den Granaten zu entgehen, sieht man schon preußische Tirailleure auftauchen; bald krönen auch zwei leichte Batterieen den Höhenrand, um das Dorf unter Feuer zu nehmen. Es sind jene Batterieen Hillern und Ohnesorge. Die Attaken Bonnemains haben sich nacheinander abgerollt wie Glieder einer Kette. „La gauche en avant!" Nansouty disponierte ein Vorgehen der Lanciers, um die Kürassiere zu unterstützen.

Die Lanzen sind aus dem Halfter gezogen und kriegerischer Eifer belebt die Leute, so lange von Unthätigkeit entnervt. Eine lange feindliche Schützenlinie zeichnet sich fern vom Horizont ab. „Enlevez — moi ça, les lanciers!" Oberst Poissonnier zieht und bereitet die Bewegung vor — da, ein Blitz, ein Schlag — ein Sprengstück zerbricht ihm das Genick. Er hat nur noch die Kraft, den Todesschmerz überwindend, fast erstickt von Blut, zu röcheln: „En avant!" Gleichzeitig fällt ein Granathagel auf 600 Meter in die Reihen. Oberstlieutenant Guyon Vernier übernimmt das Kommando: „Régiment en avant!" Aber „Gehen Sie hinter das Holz von Reichshofen!" befiehlt General Nansouty. Kaum eine Viertelstunde dort abgesessen, stürmen versprengte Kürassiere verhängten Zügels vorbei: „Wir sind verfolgt!" Also nochmals „A cheval!" Die Lanciers marschieren auf, aber welche Lage!

„Wir können nirgends durch!" Links auf der Hagenauer Straße rückt der Feind an, rechts ist Reichshofen von Truppen und Wagen überfüllt und dorthin donnern zahllose deutsche Feuerschlünde. Rückwärts aber versperrt die Parkmauer von Schloß Leusse. Da nähert sich ein junger Lieutenant dem General und stellt sich vor: „Graf Dürkheim-Montmartin! — Die Mauer hat ein verschlossenes Pförtchen, durch das man in den Park tritt." „Sehr gut. Führen Sie uns! Und ihr, meine Kinder, folgt uns!" Schweigend folgen die Lanciers, das Pförtchen wird eingeschlagen, einer hinter dem andern schlüpft hindurch. Aber jenseits des Parks trifft man einen acht Fuß breiten Graben. „Die Ränder sind vermauert! Wie sollen da die Hufe einen Halt finden!" Überspringen geht nicht. Ein wurmstichiges Brückchen ist wohl da, aber wie soll es die Schwere so zahlreicher Reiter tragen? „Versucht muß es sein!" Ransouty mit einem Peloton reitet hinüber — da bricht die Brücke schon, zwei Lanciers mit sich hinabreißend. Und schon beginnen Granaten in den Park zu hageln, ja Gewehrkugeln dazwischen: man hat die rotblauen Uniformen der Lanciers bemerkt. Schon hat der Feind Fühlung mit der französischen Rückzugsstraße. In Ver= zweiflung sucht man gewaltsam das Hindernis zu nehmen. „A moi, lanciers!" Die Offiziere spornen wütend ihre guten Pferde und setzen in mächtigem Bogen hinüber, manchem Gemeinen gelingt es, aber viele gleiten aus und brechen sich die Lenden. Da ertönt ein Freudengeschrei — Lieutenant Dürkheim hat weiter abwärts eine neue feste Brücke entdeckt. „Aber langsam im Schritt!" Langsam, jawohl! Eine Marterstraße! Denn nun regnet es Kugeln, deutsche Bataillone nahen im Laufschritt. Doch sie finden nur noch Ster= bende oder Hinkende ohne Pferde und verendende Gäule, das Gros hat den Park endlich verlassen, der ein Gefängnis zu werden drohte.

Ohne je gekämpft zu haben, ließen die 2. Lanciers allein 11 Offi= ziere 230 Mann auf der Walstatt. So hat diese brave Reiterei Mann für Mann bis zum letzten Blutstropfen für ihr bedrängtes Heer sich hingegeben, an Seelengröße gewetteifert, die Waffenehre zu retten. Der umflorte letzte Blick dieser Sterbenden sah wenig= stens eines nicht: die weiße Flagge der Waffenstreckung, wie ihre unseligen Nachfolger am Calvaire d'Jlly, deren Schimmel die beste Zielscheibe deutscher Feuerschlünde, als die Wüstenrenner übers Wiesengrün wie eine schäumende Welle hinbranden.

Nun ist alles aus, die allgemeine Deroute beginnt, ihre abstürzende Flut ergießt sich in Gräben und Wälder, über Blach= feld und Straße. Das gewaltige Hurrah der Deutschen vermählt sich ihrem Geschützdonner, beides immer näher herandröhnend, grausen Schreck verbreitend. Das afrikanische Korps flieht, aber seine Körper trugen in ihr goldenes Buch mit blutigen Lettern eine neue Erinnerung ein, glorreicher als glorreiche Siege: sie haben sich für ihr Vaterland geopfert, seine Trauer und sein Stolz, ein Vor= bild seiner alten kriegerischen Tugenden.

Die 1. Zuaven rückten zuerst vor Fröschweiler in Schlacht=

ordnung auf. Der Kampf währte kurz, Oberstlieutenant Gautrelet
fiel. Dann westlich vom Dorfe. Doch bald nur zwei Kompagnieen
II. Bataillons deckten den Abzug der Zuaven, die sich ans fliehende
Hauptheer anschlossen. „Hauptmann Callet!" „Mein General?"
„Sie werden die Höhe hier," Ducrot deutet auf einen Punkt, der
die Straße Wörth=Fröschweiler beherrscht, „so lange wie möglich
halten." Und die Braven halten aus. Zwei deutsche Schwadronen
suchten hier vergeblich die Straße zu durchschneiden, und eine reitende
bayerische Brigade, die gegen die Höhe auffuhr, ward zum Schweigen
gebracht. Auch General Wolff meldet sich zur Stelle mit ein paar
hundert Versprengten. Oberst Thommassin sammelt Flüchtige. Dabei
schwenkt er sein goldbordiertes Käppi auf der Degenspitze gleichsam
als Fahne. Doch umsonst sind diese Truppen hierher verpflanzt,
nichts kann den Strom der Sieger hemmen. Mit Schießen und
lautem Schreien geht die Nachhut gegen die Kolonnen vor, die sich
bemühen, die Reichshofener Chaussee zu zerschneiden. Aber ganze
Stücke des Heereskörpers werden doch abgestoßen, glatt abgeschnitten,
in Gefangenschaft abgedrängt. Düster, mit verschränkten Armen,
stehen schon Massen verschiedenster Teile und Waffengattungen ent=
waffnet in den deutschen Waffenlinien. In Fröschweiler krepieren
Granaten unter Wagenburgen und Artillerieparks, die mit über=
menschlicher Anstrengung der Fahrer sich abquälen, ihre ver=
schlungenen Knäuel zu entwirren. Mit Fäusten und an Seilen
schleppt Infanterie stecken gebliebene Geschütze fort, doch noch manche
muß man fahren lassen. Häuser voll Sterbender und Verwundeter
stürzen ein, Kirche und Schloß brennen weithin wie ein Fanal.

Noch aber schlägt dem Angreifer dichter Kugelregen entgegen.
Überall, wo die Hessen von Westen, die Schlesier und Posener von
Süden, die Bayern von Südosten eindringen, tobt grimmes Hand=
gemenge. Die Sappeurs dienen freiwillig als Infanterie mit ihren
kurzen Flinten hinter selbstgebauter Barrikade. Da sieht man
einen armen kleinen Rekruten festen Schritts noch an den Brief=
kasten eilen und einen letzten Gruß nach der Heimat senden —
dann stürzt er sich wütig in die deutschen Bajonette. Mit wahrer
Blutgier sticht und würgt man bis in die Stuben Brust an Brust
einander. Die Zeiten sind fern, wo ein Zuave bei Palestro den
österreichischen Offizier, den er mit dem Kolben niederschlug, auf=

richtete und ihm die Feldflasche reichte: „Trinkt einen Schluck, mein Offizier, das wird Euch wieder auf die Beine bringen!" oder andere den im Kanal versinkenden Gegnern hilfreiche Hand boten. Da kostete die Großmut nichts, die Große Nation fühlte sich wieder, sie hatte ja Sieg geschmeckt . . aber heute! Heute hat der Tiger Blut geleckt, und Voltaires berufenes Wort von den „Tigeraffen", wird's wieder Recht behalten?

General Raoult, tötlich getroffen, fast im Verscheiden, reicht einem bayerschen Offizier seinen ruhmreichen Degen. Ein Adler wird jubelnd mit gellem Juchzer von den Bayern herumgetragen, den man dem sterbenden Träger entwand. Hallali, die Jagd ist aus! Das tapfre Heer ist eine regellose Herde. Jeder that seine Schuldigkeit, die Offiziere voraus, deren Hälfte auf der Walstatt liegt, doch alle Hingebung und alle menschliche Kraft hat ihre Grenze. „Keine Patronen mehr!" Auf diesen Schreckensruf gab man das Hornsignal der Ergebung, und was am Kirchhof noch aufrecht stand, streckte die Waffen. Unter brausendem Hurrah brandet die deutsche Waffenwoge über das letzte Bollwerk weg . . Fröschweiler ist über.

Bis zuletzt hat der beste dieser französischen Führer, der selbst= aufopfernde, von glühender Vaterlandsliebe beseelte Ducrot den regel= losen Rückzug gedeckt. Unter ihm General Wolff, mit 11 1 Zuaven und Gesammelten seiner Brigade, die auffallend weniger litt, als andere, gleich ihr eingesetzte Reservekörper, wie Brigade Maire und 1. Turcos, deren geschwächte Reste durch den Hagenauer Wald enteilen. Bis zuletzt hielt er aus. Zornig blickt die Brigade Abbatucci des V. französischen Korps, die soeben auf der Chaussee herankeucht, auf die geschlagenen Waffenbrüder, den heillosen Wirrwar, dem ihre rechtzeitige Ankunft hätte steuern können. Man hatte den Kanonendonner näher und näher vernommen, es war viel Unwille in der Truppe, man wollte aus der Marschkolonne brechen und sich in Laufschritt setzen, doch der Divisionär Lespart — in lächerlicher Angst, auf dem Marsche von Norden her be= lästigt zu werden — exerzierte im gleichen Schneckenschritt weiter, ließ das Revier von Position zu Position durch Fußvolk absuchen, alle halbe Stunde Halt machen!

Matt, sehr matt tobt die Verfolgung weiter. Württembergische

und bayerische Schwadronen heimsen noch Trophäen ein. Hitziges Kleingewehrfeuer bei Niederbronn hält das Gefecht bis zur Dämmerung hin; Division Lespart verteidigt dort als Nachhut jenen Geländeabschnitt. Die seit Mittag wachsende Gewalt des entsetzlichen Geschützlärms verebbt mählich, erstirbt sachte. Vor der flammenknisternden Kirche Fröschweilers ragt des Kronprinzen blonde Siegfriedgestalt, umdrängt, umtost von jubelnden Recken. Kirchbach, den Arm in der Binde, trägt einen Laubkranz, den hohe Hand ihm als „Sieger" aufgedrückt als Ersatz des verdienten Lorbeers.

Das Granatbombardement hatte in Fröschweiler, wo den Sieger heimische Mundart grüßte, dem lieblichen deutschen Dörfchen, glücklicherweise nicht so große Verwüstung angerichtet, wie man dachte. Häuser durchlöchert, Bäume zerrissen, aber keine friedlichen

Einwohner. Die starben fast vor Angst in ihren Kellern und
Heuschobern, aber die Hauptsache blieb der nervenzerrüttende Lärm.
Je, der Krieg hört sich anders an, als daheim in der Garnison,
wo die Regimentsmusik Janitscharenmärsche einübt! Läge sie noch
so fern in Quartier, jede Melodie würde dies Schlachtgebrüll übertönen, alle holden Töne des Wohlklangs zerreißen, just wie's Zerreißen der Menschenleiber so flott von statten geht!

Die Deutschen suchen ihr hartes Lager zwischen Wimmernden
und noch grauseren stummen Nachbarn, zahllosen Leichen draußen
auf der Hochfläche. Überall Bilder, die jeder Beschreibung spotten.
Besser haben's die Stäbe, denen halbzerstörte Gehöfte Schutz vor
der Nachtkälte bieten. In Scheunen und Kellern, unter Stroh
versteckt, entdeckt man noch hier und da verkrochene Turkos. Ihr
gelles Geschrei unter unsanften Fäusten verstummt in stierem
Staunen, daß man sie nicht mit dem Messer abthut, sondern ans
Gefangenendepot abliefert. Morgen die Massenbeerdigung wird
nicht vorübergehen ohne neue seelische Erschütterung, heut Abend
aber auf ersiegter Walstatt schnarchen die Müden.

Um ihre gute Haltung zu ehren, reichen die grundgutmütigen
32er ihren Gefangenen den Mundvorrat von Zwiebacken, den sie
in der Bagage hinter Morsbrunn erbeutet. Sie selber aber
staffieren sich mit seidenen Hüten, Bändern, Chignons und Roben
aus, die sie gleichfalls zu staunendem Ergötzen in den Wagen des
Marschalls fanden: der Herzog von Magenta hat nach gutem, altem
Brauch, wie Massena, wie Moreau, wie Ney, seine „Freundinnen"
im Feldlager! Auch die hessischen Husaren machen den Mummen-
schanz mit — eine Maskerade der Siegeslust! — —

Der Posener Soldat, erbittert durch den unerwarteten Widerstand — war doch bei beiden Parteien nur eine Stimme, daß
man solchen Gegner sich nicht geträumt hatte! — beging Excesse,
an denen Schildwachen und Patrouillen teilnahmen, gegen die
unglücklichen Einwohner. Anständige Leute wurden verhaftet, mit
Säbel und Bayonett bedroht, unter dem nichtigen Vorwand, daß
man aus ihren Häusern geschossen habe. Das war wieder die
alte Mär von Trautenau, die nur einmal — in Bazeilles —
Wahrheit werden sollte. Dazwischen trieb sich nichtsnutziges Ge-
sindel herum, das sich in Kompagnie mit den Siegern bezechte und

auf deren Drohung trunken lallte: „A bas la France, vive la Prusse!" In solchen Zeitläuften sinkt die Oberschicht der Gesellschaft ein, die Hefe gährt auf und überquillt das Ganze. Man schämte sich schon zu sehr „A Berlin!" gejauchzt zu haben, und nun in der Mausefalle zu sitzen, in die man gefallen: Gefangene und Einwohner tauschten düstere Befürchtungen aus. Die Deutschen erbitterte auch der mürrisch verstockte Trotz, die unverhohlene Abneigung der Elsässer, die doch Landsleute waren, im Deutschen aber nur den Landesfeind haßten. Der gemeine Mann ärgerte sich über das Mißtrauen, womit alle Wohlhabenden ihre Güter verließen, als bräche eine Mongolenherde über La belle France herein. Je weiter man ins Innere drang, desto mehr reizte der Anblick von so viel Luxus und Behagen, alles zu lebensfrohem Genießen eingerichtet, von dem der arme Norden nichts ahnt. Der barsche dreiste Ton der Maire's, so lange man höflich blieb, änderte sich erst, sobald man mit gründlichem Ernst und saftiger Derbheit auf deutsche Weise Wälsch parlierte.

Die Gefangenen litten um so mehr, als Viele nicht Zelte und Decken bei sich trugen und das kleine Heer nicht genügend Trainwagen mit sich schleppte. Der alte französische Leichtsinn! Warme Quartiere soll wohl der Soldat sich selber erst drüben in Deutschland erobern! Muß er biwakieren, ist's seine Schuld! Nur nicht die Heerbeweglichkeit mit Train und Gepäck zu sehr belasten! Lieber Lebensmittel für eine Woche im Tornister tragen! So führte Napoleon der Große Krieg — ja wohl, aber dazu muß man eben Napoleon sein!

Finster räumt man die Walstatt auf. Wer ermißt die Ströme Blutes, durch die man waten mußte! Den braven Schlesiern und Wasserpolaken gebührt der wärmste Dank des Vaterlandes, um das sie sich wohlverdient gemacht. Ohne ihr besonnenes, volles Verständnis für die hier nötige Kampfweise in beklemmender Lage wäre der Feind durchgebrochen. Sie täuschten ihn über seine ungemeine Obmacht, brachen je nach Umständen ihr Vorwärts zeitweilig ab, oder fanden sich wieder geschlossen zusammen, und bewahrten bei allen Vorgängen die gleiche heldenhafte Ruhe. Nicht so der französische Soldat. Wohl wehrte er sich lange genug, ja bis zur äußersten Möglichkeit, wohl starben diese Enkel der alten Garde inmitten ihres Ruhmes für die Ehre der französischen Waffen. Man konnte gar nicht tapferer sein.

Doch dem schwerfälligen, aber gediegen nachdenklichen Germanen ist der Wälsche auf die Dauer nicht ebenbürtig, sobald ersterem sein minder entzündliches Blut kocht. Selbst wo Getöse jedes Befehlwort verschlang, schlug sich heut jeder Schützenzug auf eigene Faust als Glied des Ganzen, wenngleich alle Offiziere gefallen, mit unbeugsamem Pflichtgefühl und kühler Überlegung. Es war der geistige Halt, das moralische Rückgrat, was dieses Volksheer bei der Fahne hielt. Die alten Marssöhne aber, denen der Krieg ein Handwerk — sie schlugen sich wie die Löwen, aber flohen wie die Hasen! Das alte traurige „Sauve qui peut" — hier gellt es wieder wie bei Waterloo. Und auch das Gerücht „Verrat" geht um, geflissentlich heult man dem Marschall nach, er habe wie ein Irrsinniger die Reiterei massakrieren lassen. Wie tapfer der Franzose, wer wüßte das nicht in Europa, das sein Adler durchflogen! Aber es liegt in seiner Natur, eine Katastrophe nicht gelassen zu überdauern.

Die größte Mehrzahl der nachmittags zum „Großen Wald" abgeirrten Truppen fielen ganz aus, wie weggenommene Figuren eines Schachspiels.

So gilt das gleiche Maß der Bewunderung doch nicht für alle Teile, sondern nur für die, die bis zuletzt vorne am Feinde mit dem Schlachtentode Fühlung hatten. Ehre ihrem Angedenken!

So groß die Verluste, übertrieb man sie noch. Da sollten Brigaden just die Hälfte verloren, Kompagnieen auf 30 Mann geschmolzen sein, wie man treuherzig aufschnitt. Derlei kommt nach jedem blutigen Treffen vor und die richtige Liste stellt sich fast immer anders heraus. Besondere Ergriffenheit erregte die Kunde vom Ableben so vieler einstiger eigenster Kameraden des Offizierkorps bei den höheren Komandeuren.

Die Franzosen schwiegen von zu hohen Angaben. Nur von den Zuaven liefen Schauermären um, die noch weit über die Wirklichkeit hinausgingen. Da sollten alle Offiziere gefallen sein und diese Übertreibung nahm man für bare Münze. Der noch jugendliche Bataillonschef, Kommandant Prevault, der stets bei den Zuaven gedient und Palestro, Mexico, Algier hinter sich hat, sieht andern Tags bei Zabern den Marschall heranreiten. „Präsentiert das Gewehr!" „Sind das die 3. Zuaven?" „Zuaven von allen drei Regimentern, von mir gesammelt!" „Schön von Ihnen! Ich beglückwünsche euch, Zuaven, zu eurer großartigen Leistung. Wir sind geschlagen, aber nicht besiegt!" Prevault errötet vor Freude.

Auch ihm ist schon die Todeskugel gegossen, ehe denn das Jahr zu
Ende lief. Fern in den Sommerwolken braut das Ungewitter —
auf den Gefilden vor Paris, nicht auf Chalons' Katalaunischen
Feldern, wie jetzt die Geschlagenen hoffen, werden sie einschlagen,
die letzten Blitze, vernichtend. All diese großartigen Mittel, mit
denen das Schicksal als Regisseur die Menschenmarionetten lenkt,
all diese Einzelschlachten bilden nur das Vorspiel zur großen
Tragödie. Jetzt scheint die Peripetie schon überschritten, Schlußakt
und Katastrophe in Aussicht. Westlich der Vogesenpässe flammt
ein blutiges Abendrot und der Tag zieht herauf, wo Mac Mahon
und sein Heer all ihre Adler Deutschland zu Füßen werfen, wo
das gewaltige Germanenschwert in markiger Faust den stolzen Raub-
vogel der Gloire in den Staub senkt.

Wo der Sturmmarsch geschlagen und der Trommeln gedämpftes
Wirbeln sich dem Donnerrollen des Kanonengewitters mischte — wo
Salven Tod und Verwirrung in Massen schleuderten, die in Auflösung den Punkt wieder erreichten, von wo sie den Ansturm begannen — wo Signale durchs Vive l'Empereur und Hurrah über-
tönt, wie es jedem Zusammenstoß vorhergeht, und je lebhafter die
Gallier vordrangen, um so kaltblütiger die Germanen sie erwarteten —
wo oft blutiges Handgemenge bevorstand, das, einmal begonnen, nur
mit Vernichtung des Schwächeren endet, der jedoch meist vorher zu-
rückwich — wo ununterbrochen die Feuerlinien Geschosse spieen,
dann aber hinter Fröschweiler Fußvolk und Reiterei hervorbrachen,
um sich herzhaft mitten in die halb wankenden deutschen Massen
zu stürzen — wo Gespannführer in wilder Hetze ihr Heil suchten,
sich in einander verfuhren und umwarfen, quer durch den Fluchtstrom,
der eintönig gradaus rauschte, ohne nach beiden Seiten über die
Ufer zu treten — — alles das deckte jetzt ein großes Schweigen.

Langsam dehnte sich der Trauerzug der Gefangenen dahin, düster
in die Zukunft blickend. Selbst Offiziere teilnamlos zusammenge-
kauert. Theatralisch aufgeputzt, wie zum Ball angezogen — aber
die prächtigen Pelze, Schnüre, Tressen und blitzblanke Harnische
sehen nicht mehr so sauber aus, mit Blut besudelt. Noch träumen
die Reiter vor sich hin, wie in Starrkrampf der Erinnerung nur
des Augenblicks gedenkend, wo sie ins Blaue hinein durch Wolken
von Geschossen flogen, wie von Myriaden Wespen umschwärmt.

Das Sprachengewirr von Französisch und Cabylisch der
wild lärmenden Horden verlieh dem Auftritt ein schauerliches Ge-
präge. Scheue Blicke streiften das Totenfeld. Die Erde, von
Kanonenkugeln durchfurcht, besäten tausend Trümmer, Zeichen und
Reste eines zertrümmerten Heeres: Räder, Waffen, Uniformfetzen,
Gepäckstücke, Pferdekadaver, Kürasse, die einst so blendend in der
Sonne blitzten, daß der Gegner vor ihnen stutzte: hier hätte man
wahrlich aus ihnen ein Siegesdenkmal errichten können, wie einst
bei Aspern. Doch als deutscher Triumpfgesang schlug hier neben
emporschlagenden Flammen lodernder Brände nur der Zapfenstreich
zum Sommerhimmel empor und wie einst bei Leuthen das fromme
Liedgebet: „Nun danket alle Gott!"

Die Gefilde aber, wo so viel Leichen verscharrt, bilden heut
einen grünen Wiesenteppich, bestickt mit Blumen. Auf Schlacht-
feldern doppelte Ernte: die ganze Weltordnung nur eine Dünger-
frage. Und so — Alldeutschland nach Frankreich hinein!

www.ingramcontent.com/pod-product-compliance
Lightning Source LLC
Chambersburg PA
CBHW030808100426
42814CB00002B/42